Johann Friedrich Heynatz

Deutsche Sprachlehre zum Gebrauch der Schulen

Johann Friedrich Heynatz

Deutsche Sprachlehre zum Gebrauch der Schulen

ISBN/EAN: 9783743325494

Hergestellt in Europa, USA, Kanada, Australien, Japan

Cover: Foto ©Paul-Georg Meister /pixelio.de

Manufactured and distributed by brebook publishing software (www.brebook.com)

Johann Friedrich Heynatz

Deutsche Sprachlehre zum Gebrauch der Schulen

Deutsche
Sprachlehre

zum

Gebrauch der Schulen

von

Johann Friedrich Heynatz,

Lehrer an der Schule im Grauen Kloster
zu Berlin.

Non tam præclarum est scire Germanice,
quam turpe, nescire.

Berlin, 1770.
Bei August Mylius.

Vorrede.

Gegenwärtige kleine Schrift ist ein vorläufiger Auszug aus einem grössern Werke, an welchem ich noch lange arbeiten muß, ehe es die Gestalt bekommen wird, die ich ihm wünsche. Ich habe mich indessen entschlossen, den Auszug so frühzeitig als möglich vorangehen zu lassen, um die Urtheile anderer nach meinem besten Vermögen zu nützen. Nach dieser Erklärung werde ich jedem Manne von Einsicht aufrichtig danken, der sich die Mühe geben will, mich durch eine Kritik über meine Arbeit zu belehren, und mir Aussichten zu öfnen, die mir jetzt noch verborgen sind. Die Folge soll es, wie ich hoffe, beweisen, daß ich Gründen nachzugeben, und Wahrheit, selbst wenn sie nicht im freundschaftlichsten Tone gesagt wird, zu schätzen wisse. Das einzige, was ich verbitte, ist die

gar

gar zu große Umständlichkeit. Man sagt einem Schriftsteller oft Dinge, die er längst wußte, und setzt ihm Einwürfe entgegen, die er sich selbst schon gemacht und beantwortet hat. Diejenigen Stellen, wo meine Kollektaneen noch weit von der Vollständigkeit entfernt sind, und andre, wo ich kurz sein muste um nicht zu weitläuftig zu werden, oder wo ich der Furcht unrecht verstanden zu werden, die Kürze aufgeopfert habe, wird man leicht entdecken. Das sind Fehler, worüber ich mich jetzt nur entschuldigen, aber sie nicht vermeiden konnte. Über den hin und wieder sehr entscheidenden Ton entschuldige ich mich nicht. Zu meinem großen Verdrusse habe ich hin und wieder noch keine Entscheidung wagen können. Was ich als Fehler angebe, sind in meinen Augen wirkliche Fehler. Nach der Grammatik eines andern sind sie vielleicht das Gegentheil. Konnte ich aber deshalb meine Überzeugung, die ich zu haben glaubte, verleugnen? Meine Briefe über die Deutsche Sprache werden verschiedenes näher ins Licht setzen, worüber ich mich selbst in einer grössern Sprachlehre nicht so ausführlich würde haben erklären können. Berlin den zehnten Oktober 1770.

Vor-

Vorbereitung.

Die Deutsche Grammatik oder 1
Sprachlehre ist eine Anweisung,
die Deutsche Sprache richtig zu reden und zu schreiben, und hat, wie alle übrige
Sprachlehren, 5 Theile:

1. Die Orthoepie oder Rechtsprechung,
welche lehret, wie man die Buchstaben recht
aussprechen, und die Sylben im Sprechen recht
trennen soll.

2. Die Orthographie oder Rechtschreibung, welche lehret, wie man die Buchstaben
und Zeichen recht schreiben, und die Sylben im
Schreiben recht trennen soll.

3. Die Etymologie oder Wortforschung,
welche lehret, woher die Wörter ihren Ursprung
haben, wie sie am Ende verändert werden, und
wie sie sonst beschaffen sind.

4. Der Syntax oder die Syntax, auf
Deutsch die Wortfügung, welcher lehret, in
welcher Ordnung und Endung die Wörter in
Verbindung gesetzt werden müssen.

5. Die Prosodie oder Prosodie, auf Deutsch
die Tonsprechung oder besser die Tonmessung,

A   wel-

welche lehret, wie man die Länge und Kürze der Sylben beurtheilen, und die Worte nach gewissen Sylbenmaßen ordnen soll.

Die Orthoepie wird von den meisten Sprachlehrern mit Unrecht entweder ganz ausgelassen, oder auch in der Orthographie hin und wieder mit eingeschaltet. Von einigen wird sie die Pronunciation, von andern die Orthophonie, genannt.

Erster Theil
Von der Orthoepie oder Rechtsprechung.

Die Orthoepie lehret eigentlich nur das recht aussprechen, was recht geschrieben ist; man muß aber auch das aussprechen lernen, was unrecht geschrieben ist. Die Aussprache fremder Wörter kann hier nur zuweilen beiläufig berührt werden.

2 Die Deutschen haben eigentlich 26 Buchstaben, nemlich:

A. B. C. D. E. F. G. H. I. J. (Jod). K. L. M.
a. b. c. d. e. f. g. h. i. j.   k. l. m.
N. O. P. Q. (Ku). R. S.   T. U. V. (Vau).
n. o. p. q.   r. s. (s). t. u. v.
W. X. Y. (Ypsilon). Z. (Zett).
w. x. y.   z.

3 Außer diesen kann man aber noch folgende 8 dazu rechnen:

Ä. Ch. (Chi). Ö. Ph. (Phi)
ä. ch.   ö. ph.   ß. (Eszett oder ße).
Sch. (Esch). Th. (Thi). Ü.
sch.   th.   ü.

Anm.

Anm. 1. Man muß sich die Aussprache aller Buchstaben von seinem Lehrer vorsagen lassen, indem beinahe in einer jeden Gegend von Deutschland einige Buchstaben unrichtig ausgesprochen werden. Ein Märker merkt besonders das g und j.

Anm. 2. Folgende Buchstaben werden von den 4 meisten guten Deutschen gewöhnlicherweise ohne irgend einen Unterschied ausgesprochen:

c vor a, o, u, au eben so, wie k.

c vor ä, e, i, ö, ü, y, äu, eu, ei und ie wie z.

f wie v und ph.

t wie th.

i wie y. Von den übrigen gleichlautenden ist noch e und ä zu bemerken, welche in den meisten Fällen völlig gleich ausgesprochen werden.

Anm. 3. Rh, wovon unten noch etwas vorkommen wird, könnte allenfalls noch nach dem ph hinzugefügt werden.

Von obigen 34 Buchstaben sind 9 Vokale, Lautbuchstaben oder Selbstlauter, die übrigen 25 aber Konsonanten oder Mitlauter.

Die 9 Vokale sind: a, ä, e, i, o, ö, u, ü, y.

Die 25 Konsonanten sind: b, c, ch, d, f, g, h, j, k, l, m, n, p, ph, q, r, s, ß, sch, t, th, v, w, x, z.

Von der Orthoepie der Vokale oder Selbstlauter.

Vokale sind solche Buchstaben, welche man aussprechen kann, ohne einen andern Buchstaben zu Hülfe zu nehmen.

Wenn man 2 Vokale zusammen ausspricht,

so heiſt ſolches ein Diphthonge oder Doppellauter.

8 Diphthongen ſind jetzt eigentlich nur 6, nemlich ai oder ay, au, äu, ei oder ey, eu und ie. Beiſpiele findet man in den Wörtern Kaiſer, Haut, Häute, Heiden, Reuter, Liebe.

Anm. 1. In alten Deutſchen Büchern und in verſchiedenen jetzt noch gebräuchlichen eigenen Namen gewiſſer Familien und Städte findet man noch einige andere. Z. E.

ow, wofür man auch wol ou findet, und welches man an einigen Orten wie o, an andern aber wie ein dunkles au ausſpricht. Beiſpiele ſind: Bandow, Schartow, Lemgow.

aw, äw und ew für au, äu, eu. Z. E.
Wer ſeinem Reiche trawt, herſcht inner großen Bäwen,
Will ſich nicht für der Macht der leichten Götter ſchewen.
Opitz.

Einige Geſchlechtsnamen behalten noch jetzt das w, ſprechen es aber auch meiſtens wie einen Konſonanten aus, z. E. Moldenhawer.

oi, oy oder auch wol öy, welches wie ein dunkles eu ausgeſprochen wird, z. E. Hoym, oder Höym. In Voigt läſt man das i in der Ausſprache, und nach der neuern Art auch im Schreiben aus. In Boy, boyen ſpricht man das y faſt wie ein doppeltes j aus. So auch hui oder huy, Hoya, pfui oder pfuy. Eya, welches noch in alten Geſängen vorkömmt, lautet wie Ei-ja.

ue, welches wie ein langes u ausgeſprochen wird, z. E. in Behuef. Nach ſ lautet ue wie w wovon unten.

äy in dem Worte Bäyern lautet wie ei.

Anm.

Anm. 2. Man findet auch wol unrichtig ge- 9
schriebene Diphthongen, die man aber richtig aussprechen muß. Dergleichen sind vornehmlich eü
und aü, die wie eu und äu ausgesprochen werden müssen.

Anm. 3. äu und eu sind in der Aussprache gar 10
nicht verschieden. Vergl. N. 4.

Anm. 4. Die meisten rechnen auch das ä, ö 11
und ü unter die Diphthongen, und nennen sie ae,
oe und ue oder ui, welches aber falsch ist. Im
Druck wird indessen anstatt Ä, Ö, Ü *) gemeiniglich
Ae, Oe, Ue gefunden. In den kleinen Buchstaben aber ist das ä, ö, ü weit gewöhnlicher, als ae,
oe und ue. Ui und ui werden selten für ü und ü
gebraucht. Um ä, ö und ü durch einen besondern
Namen von den übrigen Vokalen zu unterscheiden,
kann man sie unreine, und hingegen a, e, i, o, u
und y reine Vokale nennen. Das ie wollen andere aus der Zahl der Diphthongen wegstreichen.

Anm. 5. Tripthongen oder Dreilauter haben 12
die Deutschen nicht. Wenn aber ä ein Diphthonge
wäre, so würde z. E. äu ein Dreilauter sein, indem
es aus a, e und u bestehen würde. Andre sagen
für Dreilauter dreifache Selbstlauter.

Die Diphthongen werden beständig lang aus- 13
gesprochen; alle einfache Vokale aber sind zuweilen lang, zuweilen kurz.

Man muß das Langaussprechen einer Sylbe, 14
welches in die Prosodie gehört, nicht mit dem Langaussprechen eines in der Sylbe vorkommenden Vo-
A 3 kals

*) Oder anstatt Ä, Ö, Ü.

kals oder Diphthongen verwechseln. Eben so ist es
mit dem Kurzaussprechen. Die Sylben di und
läu z. E. sind in den Wörtern predigen und ab-
laufen kurz, obgleich das i und das au in diesen
Sylben lang ausgesprochen wird. Hingegen ist die
Sylbe fin in dem Worte befinden zwar lang, aber
das darinn stehende i ist kurz.

15   **Ausnahme.** In den Wörtern vierzehn, vierzig, Viertel und dies wird von den meisten anstatt des Diphthongen ie ein kurzes i ausgesprochen,
wiewol andre das letzte Wort auch dis schreiben.
Schmitt für Schmied ist auch sehr gewöhnlich;
aber Glitt für Glied, und vill für viel ganz falsch.

   Es pflegt auch wol in gieb, giebst und giebt,
lies, liest, imgleichen in Dienstag das ie so ver-
kürzt zu werden. Gieng, fieng und hieng muß
man nicht allein ging, fing und hing aussprechen,
sondern auch schreiben, wie unten in der Etymologie wird bemerkt werden. Vergleiche auch die An-
merkung zu N. 18.

16   Ai muß man nicht wie ei aussprechen, z. E.
Waise nicht wie Weise. In den Wörtern
Großenhayn und Lichtenhayn sprechen es
viele fälschlich wie a aus, und in dem Worte
Froschlaich viele Märker wie ee.

17   Das au wie oh auszusprechen, ist ein Fehler.
Viele sagen globen, ooch, Rooch rc. für
glauben, auch, Rauch; es ist aber gänzlich
falsch. Auch muß man auf, herauf u. d. g.
nicht wie uff und heruff aussprechen.

18   Ei muß weder wie ai, noch wie ein scharfes e,
auch nicht wie oi ausgesprochen werden, z. E.

einer

einer weder wie ainer, noch wie eener, noch wie oiner.

In eilf und der eilfte wird von manchen das ei in ein kurzes e verwandelt, wiewol auch viele lie- ber elf und der elfte schreiben.

Eu muß nicht wie ö, und noch weniger wie 19 ee oder ä ausgesprochen werden, z. E. räuchern nicht wie röhchern, auch nicht wie reechern oder rähchern.

Oft werden die Diphthongen getrennt, d. i. 20 2 Buchstaben, die sonst einen Diphthongen aus- machen, werden nicht zusammen, sondern ein jeder für sich ausgesprochen, und das geschieht theils da, wo zusammengesetzte Wörter an ein- ander stoßen, z. E. in Seeungeheuer, beur- theilen, theils auch in andern, besonders frem- den Wörtern, nemlich:

au wird getrennt in Archelaus u. d. g.
eu in Buddeus u. d. g.
äu in Lebbäus u. d. g.
ai in Archelai, Ai, Mardochai, Naive- tät, u. a.
ei in Simei, Buddei, Äneis. Auch sollte Eleison in der Litanei eigentlich viersylbig aus- gesprochen werden.

Besonders aber wird das ie oft, auch in ei- 21 gentlich Deutschen Wörtern, getrennt. Man sagt Uranie mit 4 Sylben; aber man kann es auch mit Uzen dreisylbig gebrauchen. Hinge- gen muß Uranien nothwendig in vier Sylben zertheilt werden. Der Singular das Anie hat nur eine Sylbe, der Plural aber die Anie hat

zwei. In Cärimonie u. a. wird ie besser getheilt, als zusammengezogen. Hingegen muß
es in Chrie, Arie, Kyrie u. a., imgleichen in
knien, Melodien, Poesien, Chier, Schle-
sier u. d. g. nothwendig zwei Sylben ausmachen,
so wie es hingegen in Melodie, Poesie, Har-
monie, Kopie, Barbier, Officier nicht
mehr als eine Sylbe ausmachen kann. In
schrien, knieten und einigen andern pflegt es
nur in der Poesie zuweilen ein Diphthonge zu
seyn, außer derselben aber gemeiniglich getheilt
zu werden. Daß einige knieen, Poesieen
ꝛc. schreiben, wird in der Orthographie bemer-
ket werden.

Anm. 1. Ob der erste von zwei solchen Vokalen
kurz oder lang auszusprechen sei, gehört in die
Prosodie.

Anm. 2. Weil für ä, ö und ü in kleinen Buchstaben selten ae, oe und ue oder ui gedruckt wird:
so kann man diese Vokale allemal sicher trennen,
wofern nicht ue für ein langes u, und ui für ui steht.
S. N. 8. Weil aber Ae oft für Ä gedruckt wird,
so muß man dasselbe gemeiniglich zusammenziehen
und wie ä aussprechen, obgleich in Aedon, Aetes
und wenigen andern fremden Wörtern jeder Vokal
für sich ausgesprochen wird.

Anm. 3. In einigen Gegenden trennt man das ie
fast beständig, und sagt z. E. Bri-eff und li-eben für
Brief und lieben, welches höchst unangenehm klingt.

Anm. 4. Die Puncta Diaereseos könnten hier
vielen Schwierigkeiten abhelfen; allein sie sind im
Deutschen nicht eingeführt. Vergl. die Orthographie.

Alle

Alle einfache Vokale werden (nach N. 13.) in einigen Wörtern lang, in andern kurz ausgespro= chen. Exempel des langen a, i, o, ö, u, ü und y findet man in den Wörtern da, Rath, studiren, predigen, mir, oder, Flor, lobt, hören, schön, über, spüren, lyrisch, Äschy= lus, und des kurzen in alle, scharf, Kirschen, in, schicken, oft, soll, sorgen, öfter, Völ= lerei, tröpfeln, und, Butter, Schuld, kürzer, hündisch, müssen, Bathyll, Syl= la, Myrten. N. 14 muß hiebei nothwendig vergli= chen werden. Das e ist auch entweder lang, oder kurz; allein das lange e ist bald scharf, z. E. am Ende (als in Base, Liebe) oder auch sonst als in Vater, andere, lehren, begabt, je= mand, jedoch; bald offen, z. E. in lebt, bald sehr offen, welches nur vor dem r statt findet, z. E. in Schwerdt, Zehrung, Erd= wurm; das kurze e hingegen ist vor dem r offen, z. E. in sterbt, lernt, in allen übri= gen Fällen aber scharf, z. E. in denn, Athem, blasen, schrecken, schnell, holet, es, Feld, Knecht *). Das lange ä ist vor dem r sehr of= fen, und in allen andern Fällen offen; nur sind die lateinischen Wörter ausgenommen, in wel= chen man ä gemeiniglich wie ein langes e aus= spricht, z. E. Cäsar wie Cesar, Thebä wie Thebe, Dictä wie Dieht, obgleich einige ein solches ä lieber offen hören lassen. Ein gleiches

A 5   ist

*) Einige sagen hell für offen, und dunkel für scharf.

- ist von den Wörtern in tät, die von den lateinischen Wörtern in tas, oder vielmehr von den
französischen in té herkommen, zu bemerken, z. E.
Majestät, Autorität, Naivetät.   Das kurze ä lautet völlig, wie e lauten würde.

Manche Sachsen sprechen auch in eigentlich Deutschen Wörtern das ä wie ein scharfes e, z. E. er-
nehren für ernähren.

23   Es lassen sich von der Länge der Vokale gewisse Regeln geben.

Die erste Regel:

Ein jeder Vokal, auf den ein h folgt, welches zu eben derselben Sylbe gehört, ist lang,
z. E. nahrhaft, wahr, sehr, kohlschwarz,
ihr, währen, gewöhnt, Gewühl, Uhr.

Einige schreiben ein solches h nicht, wenigstens
nicht allenthalben, wo andre es schreiben, und deren Schriften zu lesen kann man also diese Regel
nicht brauchen.

Zweite Regel:

24   Wenn man in einem Worte nach seiner Vermehrung *) einen Vokal nothwendig lang aussprechen muß, so muß er auch schon vor der Vermehrung lang ausgesprochen werden.

Exempel.

Das a in Rath muß lang sein, weil man in
dem Rathe das a unmöglich anders als lang
aussprechen kann.

Das

*) D. i. wenn hinten noch eine Endung hinzugesetzt
wird. Lat. Voce crescente.

: Das a in war muß lang sein, weil man sagt
sie waren, und nicht sie warren.

Das o in schob muß lang sein, weil man
sagt sie schoben.

Das u in trug muß lang sein, weil man
sagt du trugest.

Gegen diese Regel fehlt beinahe ein jeder Deut- 25
scher, nur einer mehr, und der andere weniger.
Viele sprechen z. E. Tag, Weg, Lob, Hof, Trug
mit einem kurzen Vokal und also wie Tach oder
Tack, Wech oder Weck, Lopp, Hoff, Truch
oder Truck aus, da doch andre richtiger Tahk,
Wähk, Lohp, Hoof, Truhk sagen. Doch
muß man sowol hierinn, als in einigen andern
Stücken der Orthoepie, sich oft bloß mit der rich-
tigen Erkentniß begnügen, und im Sprechen sich
nach der Gewohnheit derjenigen richten, mit welchen man lebt. Denn grob z. E., welches eigentlich wie grohp lauten sollte, wird fast in ganz
Deutschland wie gropp ausgesprochen, und in
Grammatik, Logik u. d. g. pflegt man auch das
i wol kurz zu machen, obgleich in Physik und Me-
taphysik das i lang ausgesprochen zu werden pflegt,
wenn man die Sylbe selbst lang macht. Ferner
haben die Endungen in er, ig, lich, isch vor ihrer Vermehrung einen kurzen Vokal, ob derselbe
gleich nach der Vermehrung gemeiniglich lang wird.

Dritte Regel:

Ein Vokal, der in einem Worte einmal lang 26
gewesen ist, bleibt auch nach der Zusammenziehung und in den abgeleiteten Wörtern lang.
Z. E. in klagt, lobt, ruft, übt ist der Vokal
lang,

lang, weil ſie aus klaget, lobet, rufet, übet zuſammengezogen worden ſind. Habſeligkeit und Klaglieder haben ein langes a, weil ſie von haben und klagen herkommen. Schwer: lich hat ein langes und ſehr offenes e, wie ſchwer, wovon es herkömmt.

Anm. 1. Die unreinen Vokale ä, ö und ü ſind lang, wenn ſie von einem langen reinen Vokal her: kommen. Z. E. ſträflich von ſtrafen, betrüglich von Betrug, thörlich von Thor, Zögling von gezogen, höflich von Hof. So ſollte ö in gröb: lich eben ſo wol lang ſein, als o in grob.

Anm. 2. Dies gilt ſogar, wenn auch aus einem langen a zuweilen ein e geworden iſt; z. E. in dem Worte nemlich iſt das e offen und lang, weil es für nämlich ſteht und von Name herkömmt. Ei: nige ſprechen unrichtig nemmlich.

Anm. 3. Wörter, die aus fremden Sprachen genommen ſind, behalten die Länge und Kürze ih: rer Vokale mehrentheils bei; z. E. Flor, Natur, Valer, Homer, Virgil, Prophet, Komet, Öl, Sardanapal, ꝛc.

Ausnahme. Wörter, die ihren Stammwör: tern ſchon etwas unähnlich geworden ſind, oder be: ren Stammwort auch jetzt veraltet iſt, richten ſich nicht immer nach dieſer Regel. Das ä in ämſig iſt kurz, ob es gleich von Ameiſe herzukommen ſcheint, imgleichen in Gränze, ob es gleich vom alten Granitz kömmt. Das o in Vortheil, und auch gemeiniglich in Vorwerk iſt kurz, ob es gleich in vor lang iſt. A in ab iſt kurz, ob dieſes gleich von abe, und ü in Gelübde iſt auch kurz, ob es gleich

gleich von geloben herkommt. A in gehabt ist
kurz, obgleich haben ein langes a hat. Her hat
außer der Zusammensetzung ein langes, in herab,
herunter u. d. g. aber ein kurzes e. Vergl. N. 77.

Von den übrigen Wörtern, welche lange Vo- 27
kale haben, die man nicht nach den vorhergehenden Regeln erkennen kann, ist folgendes Verzeichniß zu merken. Die mehresten haben nach
dem Vokal ein r.

Adler, Art, Bart, Bratsche (ein musikali-
sches Instrument), dar, gar, Harz, Magd,
Pabst, Pan, Unflat, zart, zwar, imgleichen
Barsch oder Parsch (ein Fisch.)

Er, Erde, erst, her, Herd, Pferd, wer,
Zibetkatze.

Gebärde, Färse (eine junge Kuh), Märte.

Mir, dir.

Obst, Bord, empor, Mond, Probst, vor,
wornach.

Nur, zur (für zu der), nun, und Ur in der
Zusammensetzung, außer in Urtheil.

Für, Küchlein.

Ferner gehören hieher: 1) die Endungen bar, sam,
mal, (obgleich einige lieber mahl schreiben) dar,
sal. Z. E. zinsbar, langsam, zweimal, im-
merdar, Scheusal. 2) Die Endung der substantiven Nennwörter in on, welche aus dem Lateinischen in io, oder vielmehr aus dem Französischen in
ion kommen, z. E. Religion, wozu noch Baron, Garnison, Pardon und Sermon hin-
zuzusetzen sind. 3) Alle Substantiva in al, an
und at, die meistens fremden Ursprungs sind, z. E.
Altan,

Altan, Korduan, Gran, Saffran, Admiral, Lineal, Pokal, Advokat, Mäcenat, Renegat, Salat, Spinat.

Weil ch und sch zuweilen einfach zuweilen doppelt ausgesprochen werden, und st zuweilen getrennt und zuweilen nicht getrennt wird, wovon unten No. 81 und 83 gehandelt werden soll: so ist zu merken, daß im ersten Fall der vorhergehende Vokal allemal lang, im andern aber kurz sei.

28 Folgende Wörter spricht man oft unrichtig mit einem langen Vokal aus:

An, Arzt, Garten, hat, nach, warb, Warte, warten. Werden, gern, Vers.
Hin, in, mit.
Ort, Borten, dort, fort, Hort, Mord, Wort.
    Wol ist besser kurz; andre sprechen wohl und viele
    schreiben auch so.
Fördern.
Zum (für zu dem). Zun mögen diejenigen, welche es für zu den gebrauchen, auch wol lang aussprechen.

29 Wenn man weiß, in welchen Wörtern ein Vokal lang ausgesprochen werde, so braucht es wegen der kurzen Aussprache keine Regeln. Indessen kann man merken, daß der Vokal, auf welchen ein verdoppelter Konsonant folgt, allezeit, und ein solcher, auf den zwei oder mehr Konsonanten folgen, gemeiniglich kurz sei. Z. E. Krabbe, Accent, Widder, offen, Flagge, schmecken, sollen, zusammen, rennen, Eppich, zerren, essen, Betten, Sätze (denn ck ist so gut, als kk, und tz so gut, als zz), Agtstein, Nacht, Land, Torf u. a. m.

Von Egge und Elle vergleiche N. 34.

Von

Von einzelnen Wörtern, die kurz sind, kann 30 man außer denen, die N. 28 vorgekommen sind, noch folgende merken:

Ab, Bräutigam, Biesam, man.

Er (das unzertrennliche Vorwort), ver, zer, des.

Imgleichen werden die Endungen el, er und chen mit einem kurzen e ausgesprochen, obgleich einige Mäcker die Endung er wie ähr auszusprechen pflegen. Z. E. nach der Wanderähr Exempel für nach der Wanderer Exempel.

Portrait lautet wie Portrett.

Das offene und das scharfe kurze e ist aus 31 N. 23 leicht zu unterscheiden. Auch wird man das sehr offene lange e und das scharfe e nicht vertwechseln, wenn man nur behält, daß das eh vor einem r außer den Wörtern begehren, hehr (Ps. 111, 9 für heilig) entbehren, wehren und zehren beständig den scharfen Laut habe, anstatt daß sonst das lange e vor r allemal sehr offen ist. Manche sagen unrichtig lähren, vermähren. Sonst ist das lange e vor dem r allemal sehr offen. Z. E. in her, Schwerdt, Erde, schwer, scheren, deren; bloß das e am Ende einer kurzen Sylbe, z. E. in andere, längere, ich meistere ist scharf, obgleich ein r darauf folget.

Einige sprechen das lange e auch in schwer, Herd u. a. scharf aus, welches falsch ist.

Von den Wörtern, in welchen das lange e 32 offen ist, kann man folgendes nach den Endungen eingerichtetes Verzeichniß merken; doch kommen darinn nur diejenigen vor, welche mit einem einzelnen e geschrieben werden. (Die mit eh fol=

folgen N. 33. Von denen mit ee f. N. 47. Was in Klammern eingeschlossen ist, ist eine Endung ohne Bedeutung.

[ebel]. Folglich Hebel, Nebel.

Eber. Folglich auch Leber.

eben. Folglich beben, heben, leben, neben, weben, nebst allem, was davon herkömmt, als: Heber, hebt ꝛc.

[eden]. Folglich reden. Nimm aus den Garten in Eden, imgleichen jeden, jedem, jedes ꝛc.

edel. Folglich Schedel, Wedel.

edeln und edlen. Folglich wedeln, veredeln.

[eder]. Folglich Feder, Fledermaus, Fleder-wisch, Leder.

[edig]. Folglich ledig, und (wie einige schreiben) ruhmredig für ruhmräthig.

[edigt, edigen]. Folglich Predigt, predigen.

[efen]. Folglich Hefen.

[eg]. Folglich Steg, Weg. In der Partikel weg aber ist das e scharf und kurz.

[egel]. Folglich Flegel, Regel, Segel und (wie einige schreiben) Schlegel (vom Reh). Hingegen e in Regel ist scharf.

[egen]. Folglich gegen, hegen, legen, pflegen, bewegen; imgleichen Gegend.

[ehen]. Folglich drehen, flehen, wehen (das Zeitwort), imgleichen das Zahlwort zehen oder zehn.

Ein scharfes e haben die Ehe, das Wehe, die Weben, die Zehen, gehen, stehen. Ungewiß sind sehen, die Sehe und geschehen.

elend und Elend.

[em]. Folglich bequem.

[emen]. Folglich Schemen (ein Schatten Pf. 39, 7.), Bremen.

Esel.

[efem]. Folglich Besem, oder besser Besen.

[efen]. Folglich genesen, gewesen, lesen, Wesen, verwesen.

[efer].

Leſer]. Folglich der Verweſer.

[eten]. Folglich beten, treten.

[et, ete, etig, ets]. Folglich Gebet, der, die das ſtete, ſtetig (für beſtändig und auch vom Pferde, das nicht fort will,) ſtets.

In Hederich, Hedwig und Wegerich iſt das erſte e offen und das zweite ſcharf. Auch iſt e in ſelig ſowol offen, als in mühſelig u. d. g.

Das eh wird in folgenden wie ein offenes e 33 ausgeſprochen:

[ehde]. Fehde. Aber e in Rehde iſt ſcharf.

[ehl, ehlen]. Mehl, fehlen, ſtehlen.

[Ehmen]. Nehmen, wovon angenehm, vornehmlich.

[Ehnen]. Lehnen (reclinare), dehnen, ſehnen. Hingegen ſind ſcharf das Lehn, lehnen (mutuum dare) und die davon herkommen, z. E. belehnen, Darlehn. *)

[ehr, ehren]. Siehe N. 31.

Das Wort der ſpricht jedermann lang und 34 offen aus, wenn es für derjenige oder dieſer ſtehet; ſo auch dem und den. Allein auch wenn es der Artikel iſt, müſſen dieſe Wörter ſo ausgeſprochen werden, und nicht wie derr, demm und denn lauten.

Von

---

*) In folgenden Wörtern lautet das e in einigen Gegenden Deutſchlandes ſcharf: dehnen, drehen, edel, Flegel, Fehde, flehen, Hebel, heben, Hefen, hegen, Regel, ledig, legen, Predigt, reden, Segel, ſehnen, ſelig, Wedel, wehen und vielleicht noch in einigen andern.

B

Von der Ausſprache aller Vokale überhaupt iſt noch folgendes zu bemerken:

35 Das lange a muß weder wie ein ä (z. E. Amen nicht wie Ämen), noch wie o oder beinahe wie oa ausgeſprochen werden (Vater nicht wie Voter oder Voater, ja nicht wie jo oder joa, gar nicht wie gohr oder wie goar, ſagen nicht wie ſogen, auch nicht wie ſoagen).

36 Das lange i in einer kurzen Sylbe muß nicht wie ein ſcharfes e lauten; predigen nicht wie predegen.

37 Das lange o muß nicht wie ein langes und dunkles a ausgeſprochen werden; loben nicht wie loaben.

38 Das lange u muß nicht wie oh, auch nicht nicht wie au ausgeſprochen werden.

39 Das lange ö muß nicht wie ein ä lauten;

40 Das lange ü nicht wie ein ie; üben nicht wie ieben.

41 Das kurze a muß weder wie ein ſcharfes noch wie ein offenes kurzes e ausgeſprochen werden.

42 Das kurze ſcharfe e muß nicht wie i, auch nicht wie ö (Menſch nicht wie Minſch, fremde nicht wie frömde, dreſchen nicht wie dröſchen), und das kurze offene e nicht wie ein langes a lauten, (Berg nicht wie Bahrg).

43 Das kurze i muß nicht wie ü lauten; Wirth und wird nicht wie würt, wirklich nicht wie würklich.

44 Das kurze o nicht wie a, und

45 Das kurze ö nicht wie e; öfnen nicht wie efnen.

46 Das kurze ü nicht wie i; bündig nicht wie bindig.

47 Einen langen Vokal muß man nicht dadurch kurz machen, daß man den folgenden einzelnen Konſonanten verdoppelt. Es iſt alſo unrecht, wenn einige Rollen, Bodden, habben für Rohlen, Boden, haben ſagen.

Von den verdoppelten Vokalen.

48 Das verdoppelte a und o wird lang ausgeſprochen. Das verdoppelte e iſt zwar auch allezeit

zeit lang; allein am Ende eines Worts (z. E. in
See, Klee) und in scheel, Seele, Beet, Meer,
Rundeel, imgleichen in Beenhase, Beete,
beede, zweete, Beest (wie einige für Bönha-
se, Bete, beide, zweite, Bestie schreiben)
wird es scharf, und in den übrigen offen ausgesprochen.

Zuweilen muß aa in fremden Wörtern getrennt
werden (z. E. in Phraates, Bootes, imgleichen in
Isaak, Aaron, die von vielen unrichtig wie Isak
und Aron ausgesprochen werden); ee aber wird
nicht allein in fremden, sondern auch in den Endungen der Wörter in ee und bei der Zusammensetzung
getrennt, z. E. die Seen, beeiden, beehren,
geekelt, imgleichen in dem Worte zween.

Von der Aussprache der Konsonanten oder Mitlauter.

Die 25 Mitlauter werden in 2 doppelte und
23 einfache eingetheilt. Die doppelten sind x
und z; die übrigen alle sind einfach, nemlich b,
c, ch, d, f, g, h, j, k, l, m, n, p, ph,
q, r, s, ß, sch, t, th, v, w.

Anm. 1. Doppelte heißen, deren Ton durch zwei
andere Buchstaben ausgedrückt werden kann. X
würde nemlich durch ks oder kß (denn es klingt völlig so), und z durch ts, ths oder ds (denn es klingt
zwar nicht völlig, aber beinahe eben so) bequem ausgedrückt werden können. Bei den einfachen Konsonanten kann man nicht hören, daß sie aus andern
Buchstaben zusammen gesetzt sind. Z. E. bei dem sch-

B 2   Anm.

Anm. 2. Weil q niemals ohne ein darauf folgendes u gefunden, und mit demselben immer wie
kw ausgesprochen wird; so sollte eigentlich nicht q,
sondern qu in der Reihe der gewöhnlichen Buchstaben stehen, und qu solte zu den doppelten Konsonanten gerechnet werden.

50   Von den 23 einfachen Konsonanten nennt man
viere, nemlich l, m, n und r, flüssige, die
übrigen neunzehn aber stumme Buchstaben oder
Konsonanten.

Anm. 1. L, m, n, r heißen flüssig, weil man
sie sowol nach als vor den meisten andern Konsonanten sehr leicht außsprechen kann. Exempel davon findet man in folgenden Wörtern:

Blatt, Blei, Chloris, Christus, Drat, Flug, frisch,
Glanz, Gmelin, Gnade, grau, klein, Kneuel, Kraft,
Mnemon, platt, Pracht, Phlegethon, Phrygien,
Pflug, Pfriem, Sklaven, Skribent, Slaven, Sma-
ragd, Sneek (ein Fluß in Holland,) Splitter,
Spruch, Schlacht, Schmach, schnell, Schrift, Straße,
Tlantaquatapatli, Tmolus, treu, wrangen, falb,
wölbt, Kalbskopf, falbst, welch, bald, bildst, Wolf,
Wolfs, hilft, hilfst, Balg, Balgs, balgt, balgst, Schalk,
Schalks, melkst, melkt, Psalm, Psalms, qualmt,
zweifeln, zweifelnd, Alp, Alps, Adolph, Adolphs,
als, falsch, verfälscht, Schwulst, Schwulsts, kalt,
Welts, hältst, Schmalz, schmilzst, schmilzt, Rumpf,
rümpfst, Triumph, Triumphs, Bräutigams, nähmst,
Amt, Amts, manch, Pfand, Pfands, Hanf, Hanfs,
Hang, Hangs, hängst, hängt, link, links, trinkst,
trinkt, nächstens, Mensch, wünscht, weinst, weint,
Diamants, ganz, ergänzt, starb, stirbt, stirbst, er-
wirbs, Herb, Herbs, gebärdst, daff, darfst, darfs,
dürft, Zwerg, verbirgs, verbirgst, verbirgt, stark,
merks, werkst, merkt, Kerl, Kerls, perlst, perlt,
Wurm,

Wurm, Wurms, wärmst, wärmt, Gehirn, Gehirns, warnst, warnt, Gottorp, Dörpt, verwahrs, sparst, Barsch, knirscht, bewahrt, Schurz, schürzt.

Andere Verbindungen flüssiger und stummer Buchstaben kommen entweder nicht vor, oder sind doch höchst selten, indem sie zu hart klingen. Z. E. wünschst, tranksts, schwärzst, aufm.

Anm. 2. Indessen können auch verschiedene stumme Buchstaben sowol am Anfange als am Ende einer Sylbe beisammen stehen. Die gewöhnlichsten davon sind pf, sp, pf oder ps und st, welche von einigen pfe, spe, psi und ste genannt werden (als wenn es nur Ein Buchstabe, und zwar ein doppelter, wäre); z. E. Tropf, Pfand, Arimasp (ein Name eines Mannes), Spott, Psalm, Schöps, Stat, traust. Unter den übrigen sind folgende zu bemerken:

Bdellion, Gelübd, Gelübds, giebs, giebst, Abt, Chthonia, Reichs, reichst, reicht, reichts, Dwina, Tods, siedst, Schlafs, strafst, schläft, Magd, mags, magst, taugt, Ktesias oder Ctesias, Spiks, spükst, paukt, Extract oder Extrakt, Extrakts, Ptolemäus, Phthia, hüpft, hüpfst, kneipst, knelpt, knelpts, Sbirren, Sganarell, Skanderbeg, Sphäre, Square, Swynesund, schwarz, rauscht, Tscherning, Krauts, Raths, schreitst, räthst, Zwang, Zschopau, geizt.

Anm. 3. Vom dt ist noch zu bemerken, daß es nur wie ein einzelnes t laute. Z. E. Stadt, todt, verwandt, Städten, Todte, Verwandte. In redt, redte (für redet, redete), und dergleichen, die man aber nicht gerne gebraucht, muß man dt deutlich hören lassen. Vergl. unten N. 61.

Unter den 19 einfachen stummen Konsonanten heißen b, d, g weich, und p, k, t hart. In der Griechischen Sprachlehre hat man noch über-

B 3

überdem aspirirte Buchstaben, d. i. solche, wel=
che ein h mit in ihrer Aussprache haben. Der=
gleichen sind im Deutschen ph, th, ch (anstatt
kh). Auch können v und f, weil diese mit dem
ph einen gleichen Laut haben, mit zu den aspi=
rirten gerechnet werden. Weil endlich w noch
weicher, als b, und j noch weicher, als g, ist,
so kann man diese zwei Buchstaben breite nennen.

Der Unterschied dieser Buchstaben läßt sich am
besten aus folgender Tabelle ersehen.

Breite. Lenes.	Weiche. Mediae.	Harte. Tenues.	Aspirirte. Adspiratæ.
w	b	p	ph, f und v
	d	t	th
j	g	k	ch

54 Folgende 6 einfache stumme Konsonanten c,
h, q, s, ß, sch werden nicht weiter in beson=
dre Klassen eingetheilt.

Doch wird h zuweilen der Hauch (adspiratio),
und s das Zischen (sibilus) genannt. Das ß sollte
man ße oder das scharfe s, und wenn es für ein
doppeltes s steht, Es = es nennen. C gehört zu den
doppelten, wenn es wie z, und zu den harten, wenn
es wie k ausgesprochen wird. Vom q siehe oben
N. 49 Anm. 2.

Von der Aussprache der flüssigen Mitlauter.

55 Das r wird von vielen, welche die Spitze der
Zunge unter die untern Zähne ansetzen, anstatt
sie an das Zahnfleisch der obern Zähne anstoßen
zu lassen, beinahe wie w, und von andern, wel=
che

che die Spitze der Zunge an den Gaum setzen, beinahe wie l, auch wol nur wie h, ausgesprochen. Der erste Fehler heißt das Schnarren, den andern könnte man das Lallen nennen. Andre sprechen das einfache r beinahe doppelt: hart wie hartt, reden wie rreden. Rh klingt wie r.

N hat vor g, k und ch einen dunkeln Ton, 56 beinahe wie ng. Z. E. in langen, krank, tünchen, Hengst, Pfingsten.

Man muß ng niemals wie ein solches doppeltes n durch die Nase aussprechen, wie viele z. E. in lang für lange, gedrang, langen, bringen, Lösung ꝛc. thun. *)

Ausn. 1. Das verdoppelte n sowol, als jedes andere n, welches nur durch eine Zusammenziehung vor einem g, k oder ch zu stehen gekommen ist, behält seinen ordentlichen Laut, z. E. in innger, reingen für inniger, reinigen, imgleichen in allen Verkleinerungswörtern, als in Männchen, Söhnchen, und in manch, mancher ꝛc.

Ausn. 2. Am Ende der Wörter, die mit andern zusammengesetzt sind, behält n auch seinen Laut. Z. E. in Angriff, Anklage, unchristlich.

Von der Aussprache der breiten, weichen, harten und aspirirten Konsonanten.

Ph, f und v sind zwar in den meisten, und t 57 und th in allen Fällen gleichlautend, die übrigen

B 4 brei-

---

*) Noch ärger ist es, wenn einige an die Wörter in ung noch ein e hängen, und dann ng wie ein doppeltes n durch die Nase sprechen. Z. E. Verwunderunge.

breiten, weichen, harten und aspirirten Buchstaben hingegen muß man desto sorgfältiger unterscheiden, weil fast alle Gegenden Deutschlandes hierinn
wichtige Fehler begehen.

58 Viele (z. E. in der Mark) unterscheiden das
g nicht vom j, viele (z. E. in Sachsen) nicht
vom k, und viele (z. E. in Westphalen) nicht
vom ch. Gott muß weder wie Jott, noch
wie Kott und Chott lauten. Doch sagen auch
die Märker gemeiniglich Klocke, Kutsche und
Rocken für Glocke, Gutsche, Roggen, und
die meisten, welche so sprechen, schreiben auch so.

Das je sprechen viele im Anfange einiger Wörter
wie ie aus, welches unrecht ist. S. die Orthographie.

59 Die Sachsen und andre unterscheiden d und t
oder th höchst selten und sagen praun für braun,
Pauer für Bauer, Didel für Titel, Trache
für Drache. Auch höret man die Märker oft
sagen duhn, Dag, Dau, Dühre, doll, dö-
richt, vors Door, Dod, er ist dodt u. s. w.
für thun, Tag re. Für Dinte sprechen und
schreiben viele Tinte, welches besser zu sein
scheint. Tachs für Dachs ist unrecht; und
Teckel ist nur im gemeinen Leben gebräuchlich.
Das b und p verwechseln die Märker so leicht
nicht, außer daß sie selten Budel und Buckel,
sondern gemeiniglich Pudel und Puckel sagen,
und zum Theil auch schreiben.

Die Sylbe ti lautet in lateinischen Wörtern wie
zi, so oft die folgende Sylbe mit einem Vokal anfängt, z. E. Motion.

60 Am Ende einer Sylbe müssen die weichen
Buch-

Buchſtaben hart ausgeſprochen werden; nemlich
b, d, g wie p, t, k. Die Märker beobachten dieſe Regel ſonſt beſtändig, z. E. in Leib,
Tod, Herd, Zwang; aber das g lautet bei
ihnen am Ende, wenn kein n vorhergehet, immer wie ch, welches unrecht iſt. So ſollten
die Wörter Krieg, Balg, Zwerg, Tag wie
Kriek, Balk, Zwerk, Tahk, und nicht wie
Kriech, Balch, Zwerg und Tach ausgeſprochen werden. Das ig am Ende klingt ſelbſt bei
den Sachſen gelinder wie ik; aber das iſt falſch,
wenn einige für Ewigkeit, Heiligkeit nur
Ewikeit, Heilikeit ſagen.

Ausn. 1. Wenn b, d und g einen Apoſtroph 61
nach ſich haben, oder wenn nach ihnen ein Vokal
weggelaſſen iſt, ſo behalten ſie ihren ordentlichen
Laut. Z. E. in würd'gen langverhaltne Thrä-
nen, Rab', Schabſpan. Hiezu kommen alle Wörter in ler, ling und lein, vor welchen Endungen die
weichen Mitlauter ihre gewöhnliche Ausſprache behalten; z. E. Adler, Tadler, Zögling, Jüngling,
Knäblein, Kindlein; vor der Endung lich aber
klingen ſie hart: niedlich, lieblich, möglich, außer
in länglich.

Ausn. 2. Wenn die weichen Mitlauter ver- 62
doppelt werden, ſo wird derjenige, welcher die
Sylbe ſchließt, nicht hart ſondern weich ausgeſprochen, z. E. in Krabbe, Edda, Toggenburg.
Dogge ſprechen viele auch Docke. Jungfer lautet in einigen Gegenden wie Jumfer. Von Roggen ſ. N. 58.

Ph lautet jetzt völlig wie f; im pf aber müſ- 63
B 5 ſen

ſen beide Buchſtaben ſehr deutlich ausgeſprochen
werden, wie in Tropf ein j der thut. Für
Kopf Kopp zu ſagen, iſt noch ſchlechter, als
wenn man Fand, Ferd, Rumf für Pfand,
Pferd, Rumpf ſpricht. In einigen Reichsländern ſagt man Pund, Perd für Pfund,
Pferd ꝛc. Entfangen, entfehlen für empfehlen ſagt man nur noch an wenigen Orten.

64 F wird in der Mitte einiger Wörter (z. E.
Briefe, Schwefel, Hafen) fälſchlich wie w
ausgeſprochen.

65 In Wörtern, die aus dem Lateiniſchen und
den damit verwandten Sprachen herkommen,
wird v wie w ausgeſprochen, z. E. in Virgil,
Valentin, Vagabund, Ventil, Venus,
Veſper, Viole, Violine, Viſier, Viſite,
Volant, voltigiren, votiren, Sklaven
u. a. m. Doch Vettel und vexiren lauten gemeiniglich wie Fettel und fexiren.

Auch in bloß Deutſchen Wörtern lautet v in der
Mitte wie w. Z. E. Frevel, Havel, Ravel; am
Ende aber auch in fremden wie f.

66 Ch im Anfange eines Worts lautet, wenn r
darauf folget, beinahe wie K. Z. E. Chriſtus,
Chronik, Chriſt; doch ſprechen andre es völlig aſpirirt aus. Hieher gehören auch die Wörter Chaldäa und Chor, die meiſtens wie Kal-
däa und Kohr lauten. Churfürſt wird faſt
von jedermann wie Kuhrfürſt ausgeſprochen,
von einigen auch ſo geſchrieben.

In Franzöſiſchen Wörtern lautet ch völlig wie
ſch, z. E. Charlotte, Chocolate.

Von chs und gs ſiehe N. 71.

Von

Von der Aussprache des c, h, q, ſ, ß, ſch.

C hat vollkommen den Laut, wie z oder ein 67
gelindes tß, aber nur vor ä, e, i, ie, ö, ü,
y, äu, eu, ei oder ey (z. E. in Cärimonien,
Cedern, Cicero, Cider, Pharmacie, Cö-
lius, Cypreſſen, Ceuta, Ceilon.)

Indeſſen ſind die Wörter Cöln, Cöthen, Cüſtrin,
Cörper, Cärnthen u. ä., die fälſchlich mit einem C geſchrieben werden, zu merken, in welchen c wie k lautet.

Vor a, o, u, äi, au und vor Mitlautern, 68
imgleichen am Ende der Sylbe, lautet c wie k.
Z. E. Carl, Codrus, Cureten, Caucaſus,
Creon, Jccius.

Cz in Czaar, welches aber eigentlich Zar geſchrieben werden ſollte, lautet wie z.

H muß im Anfange einer Sylbe ſehr deutlich 69
gehöret werden. Es iſt alſo falſch, wenn einige
z. E. verleien, verzeien, früe für verleihen,
verzeihen, frühe ſagen.

Vordem hat man das h am Ende gerne wie ch
ausgeſprochen, daher man noch Floch und Schuch
für Floh und Schuh einigemal in der Deutſchen
Bibel findet. Auch ſagen eben daher noch viele
rauch für rauh.

Daß qu wie kw ausgeſprochen werde, iſt 70
ſchon (N. 49. Anm. 2.) erinnert. In manchen
Franzöſiſchen Wörtern ſprechen wir es nach der
Deutſchen Art aus, z. E. in Quartier; in andern läſt man den Franzöſiſchen Laut (wie k),
z. E. in Quarantaine, Quarre.

S hat vom Anfange einer Sylbe einen gelin- 71
den, am Ende aber oder in der Mitte der Sylbe
gemei-

gemeiniglich einen scharfen Ton. Ein sogenann=
tes langes ſ in der Mitte oder am Ende einer
Sylbe iſt allemal gelinde, z. E. er raſt, ſie
raſten, für er raſet, ſie raſeten; (doch ſchrei=
ben andre ſie rasten). Am beſten iſt, wenn
man merket, daß ein ſ oder s, nach welchem ein
Vokal weggefallen, allezeit gelinde ſei, z. E. in
Röslein, Bläschen, Lesart für Röſelein,
Bläſichen, Leſeart.

In den meiſten Franzöſiſchen Wörtern behält das
ſ im Anfange eines Worts, und im Anfange der
Sylben, vor welchen ein Mitlauter vorhergehet,
bei uns einen ſcharfen Laut, z. E. in Sansſouci,
Sauſſischen, Sauvegarde, Bon Sens, Sergent,
ſouteniren, Monſieur, wohin auch das Wort Pa=
raſol zu rechnen iſt. In andern Franzöſiſchen
Wörtern pflegen wir das ſ gelinde auszuſprechen.
Dergleichen ſind Serviette, Salve, Sauce, Ser=
vice, ſondiren, ſouverain. In fremden Wörtern lau=
tet ſua und ſue wie ſwa und ſwe, z. E. in perſuadiren.

72 Nach d, t, th, b, p, ph, g, k, ch wird
das lange ſ allemal ſcharf ausgeſprochen, außer
in den zuſammengeſetzten und der Endung ſam.
überdem muß chſ zwiſchen zwei Sylben außer
der Zuſammenſetzung beſtändig wie kß, am En=
de aber nur in den Nominativis der Nennwör=
ter, z. E. Dachs, Fuchs, Wachs und in
ſechs ſo lauten. Auch lautet flugs wie fluckſ.

Nach m und andern Buchſtaben muß das ſ nicht
den ſcharfen Laut haben, z. E. in Amſel, Perſon.

73 Viele ſprechen ſ in manchen Wörtern fälſch=
lich wie ſch aus. Z. E. in Perſon, der Krie=
gesgott

gesgott Mars, gleichwie man auch oft Versch und Järsche für Vers und Järse sagt. Noch häufiger ist der Fehler, daß man Sk oder Sc, Sl, Sm, Sp, Squ, St, Sw im Anfange einer Sylbe wie Schk, Schl u. s. w. ausspricht, z. E. Schklave, Schlaven, Schmaragd, Schmyrna, Schpaß, Golfo di Schquillace, Schtrand, Schtraße, Schwynesund für Sklave (woraus andre auch unrichtig Schlave machen), Slaven, Smaragd ꝛc.

Anm. 1. Wenn ein r vorhergehet, pflegt st auch am Ende einer Sylbe an manchen Orten unrichtig wie scht ausgesprochen zu werden, z. E. in wirst, Fürst, Wurst, imgleichen in erst. In den Wörtern Bürste, garstig u. a. geschieht dieses in der Mitte.

Anm. 2. Einige Schwaben und andere thun dies auch, wenn kein r vorhergehet, und sagen z. E. Auguscht, Nescht für August, Nest. Beschtie für Bestie hört man außer Schwaben hin und wieder. 74

Das ß ist ein scharfes s, nur steht es am Ende der Sylbe und vor einem Mitlauter oft für ein doppeltes s. Ob das nun sei oder nicht, ist leicht zu entscheiden. Z. E. in Sprößling, Schößling, naß, Verlaßner, zerrißner, läßt muß ß so viel als ein ss sein, weil man sagt Sprossen, Schossen, nasse, verlassen, zerrissen, lassen. Hingegen in süßlich, Suß, Verstoßner, Gleißnerei, vergießt ist es nicht doppelt, sondern bloß scharf, weil man sagt süßer ꝛc. Die Wörter Aufsatz und weissagen sind die beiden einzigen, in welchen hinter einem Doppellauter ein ss steht, welches wie in dasselbe getrennt werden muß.

Weil

Weil ß und ſſ nicht allein im Schreiben, ſondern auch im Reden ſehr häufig mit einander verwechſelt werden: ſo merkt man insbeſondere folgende Wörter: Boßel, Buße, erboßen, die Füße (und der Fuß), der große (und ſo auch groß); da hingegen gröſſer und die Gröſſe beſſer ein doppeltes ſ haben), grüßen (imgleichen der Gruß) die Klöße (und der Kloß), Muße, müßig, Nößel, ſpaßen (und Spaß), ſtoßen, wozu noch die Imperfekta der Zeitwörter in eſſen kommen, in welchen man ein ß und kein ſſ hören laſſen muß. Z. E. aß, wie auch ſaß von ſitzen; ferner einflöſſen, ſie floſſen (imgl. Floß= holz, Floßfeder), laſſen, müſſen, Schloſſen (Ha= gel), zuverläſſig, u. a. m.   Für verdrüßen ſagt man lieber verdrießen; verdroſſen aber hat ein ſſ.

,75   Sch muß man weder wie ein Franzöſiſches ge ausſprechen, noch mit den Weſtphälingern u. a. es in ſ und ch oder in ſ und k zertheilen.   Aus= ſchlagen z. E. muß nicht wie aus = ß = chlagen lauten, Schinken nicht wie ßechinken oder Skinken.   In Meklenburg und einigen andern Gegenden ſpricht man das ſch vor den flüßigen Buchſtaben und vor dem w gerne wie ein ß aus, doch vor dem r ſeltener, als vor den andern; z. E. ßlagen, ßmeißen, ßneiden, ßreien, ßwei= gen für ſchlagen, ſchmeißen ꝛc.

Von der Ausſprache der verdoppelten Mitlauter.

76   Die verdoppelten Mitlauter müſſen allemal ſehr deutlich gehöret werden, wenn ein Vokal darauf folget.   (S. die Exempel oben N. 29.)

Sonſt

Sonst werden sie am Ende einer Sylbe gemeiniglich nicht schärfer, als ein einzelner, ausgesprochen, wofern nicht der folgende Vokal, den sonst der Gebrauch erfordert, weggeworfen ist. Daher lautet der doppelte Vokal in kömmt, schnell, Mann, kann, kannst, willst, Zoll, vollkommen nur einfach. Hingegen muß man in hemmt, kennst, rennt, rollt, schallt, irrt, wißt den Buchstaben doppelt hören lassen, weil sie aus hemmet u. s. w. entstanden sind.

Es ist ein großer Unterschied zwischen er fällt (von fallen) und er fällt (von fällen). In kommt und sollt pflegt man den verdoppelten Buchstaben nur einmal auszusprechen, ob sie gleich aus kommet und sollet zusammengezogen sind. In manchen zusammengesetzten Wörtern hört man die verdoppelten Mitlauter stark, z. E. in Rollwagen, Hemmkette; in andern wie einfach z. E. in mannbar, Sonntag, Allmacht, ebenfalls. Auch hört man in vielleicht nur ein l. Elle, Egge, Brett werden oft falsch wie Äle, Äge, Brät, und Blattes wie Blades ausgesprochen. Von dem Worte Stätte siehe bei N. 82.

Von Trennung der Sylben.

(Eine Sylbe heißt eine Anzahl von Buchstaben, die zusammen ausgesprochen wird.)

In zusammengesetzten Wörtern müssen die Sylben nach der Zusammensetzung getrennt werden, z. E. er=blich von er und bleichen, Ent=erbeter von ent und erben.

Ausn. 1. In heraus, herab, hinaus, hinab u. d. gl. spricht man das r und n beinahe wie doppelt, her=raus, hin=nab anstatt her=aus zc.

Ausn.

Ausn. 2. In Obacht, und denen, welche da von herkommen, (z. E. beobachten) zieht man das b gemeiniglich zur folgenden Sylbe. Für Sau rampf oder Sau = rampfer sagt man besser Saur ampfer. Sonst merkt man noch von Wörtern, die im Sprechen anders als im Schreiben getheilt wer den: Donner = stag, da = ran, hie = ran, wieder rum. In fremden Wörtern kehren sich die Deut schen selten an die Zusammensetzung, z. E. in In te = resse, E = vangelium, Pro = sodie, Dy = senterie.

'78 Außer der Zusammensetzung gehört ein Mit lauter, der zwischen zwei Selbstlautern steht, gewöhnlicherweise zum Folgenden. Z. E. ha ben, imgleichen von verdoppelten Mitlautern der erste zum Vorhergehenden und der andere zum Folgenden. Z. E. Ret = tig.

79 Von zwei andern Mitlautern, die in der Mitte auf einander folgen, gehört gemeiniglich der zweite ebenfalls zur folgenden Sylbe. Z. E. Gelüb = de, Näch = te, Ad = ler, Nad = ler, ar tig, ad = lich, ed = ler, Geg = ner.

Ausn. 1. Wenn ein Diphthonge oder ein h vorhergehet, gehören beide Mitlauter zur folgenden Sylbe, z. E. räuspern, eifrig, leisten, wiedrig.

Ausn. 2. Imgleichen in folgenden: Abreschen, Aglaster, übrig. Die fremden hieher gehörigen Wörter muß man aus dem Gebrauch lernen, z. E. A = bricosen, A = frica, A = gremens, Schwa = dron.

80 Wenn 3 Konsonanten außer der Zusammensetzung zusammenkommen, so gehören gemeiniglich die beiden ersten zur vorhergehenden Sylbe. Z. E. kindlich, Bündniß, Handlung.

Aus

Ausgen. 1) Manche fremde Wörter z. E. Anbra.

2) Andre, wandre, unsre, fordre u. dgl.

3) Wenn pf und st auf einen andern Konsonanten folgen, z. E. rümpfen, Bürste.

Das st zwischen 2 Vokalen wird zuweilen getrennt, und halb zur vorigen, halb zur folgenden Sylbe gezogen, zuweilen aber gehört es nur allein zur folgenden und der vorhergehende Vokal bleibt lang. Man hat davon folgende Regeln zu merken: 81

1) Wenn zwischen s und t ein Vokal weggefallen ist, gehört s zur vorhergehenden Sylbe. Vergl. N. 71.

2) Imgleichen wenn st für ßt stehet, z. E. in wüs-te für wüß-te. Wenn man st für ßt schreiben könne, zeigt die Orthographie.

3) In folgenden Wörtern gehört st ganz zur folgenden Sylbe*): Drost, duster oder düster, güst, husten, Kloster, Osten, Oesterreich, pusten (für blasen), Püstrich, Schuster, Trost, trösten, wüste. Auch gehören hieher die unzusammengezogenen Superlativa in esten, z. E. die mehre-sten, oder nach alter Art mehri-sten. Doch sagt man die Obris-ten, wenn man so geschrieben findet. In grösste, Röste, Kruste u. a. würde es falsch sein, wenn man das st nicht trennen wollte.

*) Beiläufig werden hier auch diejenigen mit angeführt, welche das st zwar am Ende, aber doch den vorhergehenden Vokal lang haben. Wenn man sie am Ende verlängert, so daß auf st ein Vokal folget, so wird es dann zu diesem Vokal gezogen.

C

wollte. In Wuſt iſt das u auch bei den meiſten kurz, obgleich wü-ſte davon herkömmt.

Für hu-ſten ſagen andre huſ-ten. Diſtel iſt zweifelhaft.

82 Das ot zieht man in der Mitte immer zur folgenden Sylbe, und ſpricht tödten wie töten, Städte wie Stäte aus. Iſt aber zwiſchen dem d und t ein ſonſt dazwiſchen gebräuchlicher Vokal herausgefallen: ſo bleibt d bei der erſten Sylbe; z. E. in redten, beredt.

Das Wort die Stätte wird eben wie Städte ausgeſprochen.

83 Das ch und ſch werden gemeiniglich im Ausſprechen verdoppelt und der vorhergehende Vokal wird kurz gemacht. Davon ſind aber ausgenommen:

1) Die Imperfekta der Zeitwörter in echen, die ſich auf ach endigen, nebſt ihren Konjunctivis in äche. 2) Die Endungen der Wörter in ich und iſch, wenn der Ton in der nächſten Sylbe vor dem i iſt. Z. E. weiblicher, weibiſcher. Iſt aber der Ton in der zweiten Sylbe vorher, ſo hört man das ch und ſch doppelt, z. E. in veränderlicher, ſchöpferiſcher, imgleichen in allen Wörtern, wo ich und iſch keine bloße angeſetzte Endung iſt, z. E. ſchlichen, Stichen, anfriſchen, Meßtiſchen. 3) Die beiden Verba ſuchen und fluchen, nebſt Fluch, Geſuch und allem andern, was davon herkömmt. 4) Folgende Wörter: Buch, die Büche, das Bruch, (denn in Bruch von brechen iſt u kurz), die veralteten Wörter Floch und Schuch (ſiehe N. 69), brach liegen, Flachs brachen, hoch und der höchſte, Kuchen, Küchlein, Lache, (ein Sumpf, Pful,) Nachen, Schmach, Sprache, Tuch, verrucht, imgleichen die Stadt Achen, wenn man nicht lieber Aachen ſchreibt.

5) Das

5) Das Imperfektum wuſch, worinn viele das u lang, andre aber kurz ausſprechen. 6) Maſchine und einige andre fremde Wörter.

Das x zwiſchen zwei Vokalen wird allemal ſo 84 ausgeſprochen, daß die vorige Sylbe ihren Vokal kurz macht und ein k bekömmt, die folgende aber im Anfange ein ſcharfes ſ hat. Man ſpricht z. E. Axe wie Ak-ße.

Zweiter Theil.
Die Orthographie oder Rechtſchreibung.

In der Orthographie kömmt es vornehmlich darauf 1 an, daß man ein Wort mit den rechten Buchſtaben ſchreibe, und daß man weder aus Einem Worte mehrere, noch aus mehrern nur Ein Wort mache.

Vom Gebrauch der großen oder Anfangsbuchſtaben.

Man bedienet ſich der großen Buchſtaben: 2 1) Bei dem Anfange eines jeden Satzes, wenn der vorhergehende durch einen Punkt oder durch ein Frage- und Ausrufungszeichen geſchloſſen iſt. Auch hat in Verſen jede Zeile einen großen Anfangsbuchſtaben.

Merke: a. Iſt die Frage oder der Ausruf nur eingeſchoben, und beſtehen ſie nicht aus mehrern ganzen Sätzen, ſo bleibt der folgende Buchſtabe klein: z. E. Gott ſprach: es werde Licht! und es ward Licht. Wenn ich ihn frage: wo kömmſt du her? ſo antwortet er nichts.

b. Wenn

b. Wenn man Worte eines andern nach einem Kolon anführt, so fängt man sie gemeiniglich mit einem großen Buchstaben an. Sind es aber nur wenige, wie in den angeführten Exempeln, so ist ein kleiner Buchstabe auch hinreichend.

2) Im Anfange eines jeden eigenen Namens einer Person eines Orts oder eines andern Dinges, z. E. Adam, Christus, Luther, Philipp, Dänemark, Würtenberg, Anhalt, Wittenberg, Lützen, der Brocken, der Vesuv, die Havel, der Rhein, Bucephalus, Fatum, Echo, wozu noch Gott kommt, so oft es den wahren Gott bedeutet.

Die von solchen eigenen Namen abstammenden Adjektiva schreiben viele mit einem kleinen Anfangsbuchstaben, da man sich doch lieber eines großen dazu bedienen sollte. Daher schreibt man besser Deutsche Sprachlehre, Nürnberger Waaren, Berliner Blau, Brabandische Spitzen, Demosthenische Beredsamkeit, Mosler Wein, Panisches Schrecken, Ägyptische Finsterniß, als deutsche Sprachlehre rc. Ja man behält den großen Buchstaben wol gar in den aus solchen Wörtern zusammengesetzten, z. E. in Undeutsch, Hebräischartig, Niedersächsisch.

3) Obgleich einige die Substantiva, die keine eigene Namen sind, klein zu schreiben pflegen, wie z. E. in den Hallischen Bibeln geschehen ist, so haben doch die meisten den großen Anfangsbuchstaben vorgezogen, und zwar gilt dieses nicht allein in den substantiven Nennwörtern (z. E. das Wort, der Herr rc.), sondern auch in denjenigen Adjektiven und übrigen Redetheilen, die zu Substantiven geworden sind, z. E. der Weise, die Wüste, das Heilige, das Körperliche, das Mein und Sein,

Hof-

Hoffen und Harren, das feindliche Werda, das Heute.

Indessen schreibt man doch lieber aufs neue, am besten, beide, beides, alles, in allem, die meisten, nichts, jemand, niemand, viele, es ist auf nichts geringers angesehen, statt haben, von statten gehen u. d. g. m.

4) Wenn Ein das Zahlwort ist, schreibt man es groß, z. E. nur Ein Mann, ein Bischof soll sein. Eines Weibes Mann.

Einige wollen auch der, die, das groß schreiben, so oft der Nachdruck der Rede darauf liegt; z. E. es ist. Der Mann, Die Frau, und Das Kind, (indem man alle drei mit dem Finger zeigt,) welche ich suche; allein dieses ist weder in diesen, noch in andern Wörtern, auf welchen der Nachdruck liegt, allgemein eingeführt.

5) Die Pronomina, welche sich auf diejenigen beziehen, an die man seine Anrede richtet, werden aus Höflichkeit groß geschrieben; z. E. Ich habe Ew. Hochedelgeb. Brief erhalten, in welchem Sie mir auftragen, Ihnen und Ihrem Herrn Bruder ein Quartier zu besorgen. Dahin gehöret auch das Wort Dero.

Das sich und selbst, welches sich auf die angeredete Person beziehet, schreiben die meisten klein, z. E. Sie haben sich die Mühe gegeben, meinen Auftrag selbst zu besorgen. Die Pronomina, welche sich auf eine nicht angeredete vornehme Person beziehen, brauchen keinen großen Buchstaben: z. E. der Fürst und Seine Räthe.

6) Manche Wörter, besonders eigene Namen, z. E. JEHOVA, JESUS (Matth. 1, 25), HERR, wenn es so viel als Jehovah bedeuten soll, imgleichen ENDE, mit welchem gedruckte Bücher geschlossen zu werden pflegen, auch den Druckort auf

dem Titelblatte u. a. dgl. m. findet man hin und
wieder mit lauter großen Buchstaben.

Ein Wort mit zwei großen Anfangsbuchstaben zu schreiben, z. E. GOtt, HErr kann zu nichts dienen.

3 Mit großen Anfangsbuchstaben werden unrichtig geschrieben: 1) Die Adjektiva, welche von den
Namen vornehmer Würden abstammen, z. E. Kaiserlich, Churfürstlich, imgleichen Göttlich.

2) Diejenigen, welche aus einem Substantive,
welches kein eigener Name ist, und den Wörtern
ähnlich, artig, mäßig, voll u. d. g. zusammengesetzt sind, z. E. Gottähnlich, Steinartig, Rit-
termäßig, Hochachtungsvoll.

3) Diejenigen, welche Kunstwörter sind, Alpha-
betisch, Logisch, Grammatisch.

Wenn ein eigner Name aus einem Adjektive und Substantive besteht, so kann man in dem ersten wol einen
großen Anfangsbuchstaben dulden. Z. E. der Weiße
Berg.

Von den allgemeinen Regeln der Rechtschreibung.

4 Niemand muß eine Art der Rechtschreibung bloß
deswegen verwerfen, weil sie nach seiner Meinung
wunderbar aussieht, z. E. die Wörter one, Säzze,
schiffen, Zinna, zerkwälen, würden um nichts
wunderlicher aussehen, als Bellone, Setzzeit,
Speckkuchen, Zinn, merkwürdig, die doch kein
Mensch eines wunderlichen Ansehens beschuldigt hat.

5 Es ist unnöthig, gleichlautende Wörter bloß
aus der Ursache verschieden zu schreiben, damit
man sie von einander unterscheiden könne.

Anm.

Anm. 1. Viele Wörter werden immer auf glei‚
che Weise, wenigstens von den allermeisten, ge‚
schrieben, ob sie gleich etwas verschiedenes bedeuten.
Z. E. Den Alpen, dem Gebirge, und den Alpen,
welche Leute drücken, den Armen, welche betteln, und
den Armen des Leibes, der Ball, wo getanzt wird,
und der Ball, den man schlägt, sie brachte Flachs
und sie brachte mir Geld, dem Bruche mit einem
langen und dem Bruche mit einem kurzen u, Futter
für das Vieh und Futter zum Kleide, Kehren für wen‚
den und Kehren mit dem Besen, der Federkiel und
der Kiel des Schiffs, kriegen für bekommen und
kriegen, Krieg führen, das Augenlied und das
Kirchenlied, Mandeln von funfzehen Garben,
Mandeln, eine Baumfrucht, und Mandeln am
Halse, die Mark Brandenburg, die Mark Silber,
Mark in den Knochen und das Mark Hamburger
Kourant, Masern, eine Krankheit, und Masern‚
holz zu Pfeifenköpfen, die Matten oder Wiesen, die
Matten oder Müden und die Matten zum Einpa‚
cken, einen Kranken pflegen und pflegen oder ge‚
wohnt sein, ein Rasen der Winde und ein Rasen mit
Gras bewachsen, Reif, gefrorner Thau, und der Reif
um ein Faß, der Rocken zum Spinnen und der Rok‚
ken auf dem Felde, der Schimmel des Brodes und
der Schimmel, ein Pferd, der Schauer oder
Schrecken, der Schauer oder Prophet und das Wa‚
genschauer, die Sprossen von Gewächsen und die
Sprossen einer Leiter, den Thoren oder Narren
und den Thoren der Stadt, die Weste oder West‚
winde und die Weste, die man am Leibe trägt, ꝛc.

Anm. 2. Viele Wörter werden theils seit län‚
gerer, theils seit kürzerer Zeit, auf Anrathen einiger
Sprachlehrer ohne Noth verschieden geschrieben.
Dahin gehören vornehmlich folgende *):

C 4 Als

*) Die Schreibart des zuletzt gesetzten Worts ist alle‚
mal die richtige.

Alß für da und für so (z. E. Alß die Welt noch
nicht so böse war, als jetzt. Weil wir dieses
vernommen haben, alß befehlen wir ꝛc.) und
als der Vergleichung, die Baize der Reiger, und die
Beize zum Leder oder Metall, es dauet auf und es
thauet, der Thau fällt, deß für deffen und des von
der, doch schreibt man indeß, welches aber indeffen
heißen sollte,) tichten, nachdenken, und dichten,
Verse machen, (doch schreibt man im biblischen Ausdru-
cke das Tichten,) gabr, gekocht, und gar vor zu
und für sehr und ganz, das Häft am Degen und ein
Heft Papier, der Haven einer Seestadt und der
Hafen oder Topf, die Hayde, ein großer Wald, der
Heyde, der den wahren Gott nicht kennt und ehrt, und
die Heide, ein unfruchtbares Land, die Landchar-
ten und Spielkarten, das Kröchzen der Raben
und das Krächzen der Kranken, der Leysten des
Schusters und das Leisten der Pflicht, mit dem Pinsel malen und Korn mahlen, meynen, glauben,
und meinen von mein, die Miethe, wovon vermie-
then kömmt, und die Niete in der Lotterie, rauch,
mit Haaren bewachsen, und rauh, was höckericht und
nicht glatt ist, der Reiß zum Essen und das Reis
vom Baume, die Milch rinnt und der Bach rinnt,
die Schaale zum Theetrinken und die Schale der
Nuß, die Schleuse oder Schläuse von Band und
die Schleife zum Fahren, die Schnuhr oder Schwie-
gertochter und die Schnur zum Binden, seyn von
ich bin und sein, was ihm gehört, die Sohle vom
Salze und die Sole vom Schuh, es tauert mich
und es dauert mir zu lange, ich triege oder betrüge
und ich trüge oder würde tragen, die Weyde für das
Vieh und die Weide, ein Baum, ich weis von wissen und weiß von Farbe, wider, gegen, und wieder
für wiederum, wohl für gut und wol für zwar.

Anm. 3. Indeffen bleiben allerdings noch einige
Wörter übrig, die man, wenn man nicht für un-
wiffend

wissend gehalten werden will, wol unterscheiden muß, weil die Gewohnheit sie zu unterscheiden auf Gründen oder dem Alterthum beruht. Folgendes Verzeichniß enthält die vornehmsten davon:

Aal, ein Fisch, Ahl, ein Schusterpfriem, das Buch, der Bug an Thieren, das, von der, daß, das Bindewort, die Dogge, ein Englischer Hund, die Docke, eine Puppe, der Dünkel, eine Einbildung, Dinkel, eine Art von Korn, der Eiter in einer Wunde, das Euter der Kuh, die Ferse am Fuß, die Färse, eine Kuh, fest oder stark, vest, ehrenvest, edel, das Gewehr zum Schließen, die Gewähr - für etwas leisten, der Geisel, den die Feinde mitnehmen, die Geißel zur Züchtigung, her (z. E. hieher), hehr, heilig, Kriegesheer, die Hindinn oder Hirschkuh, die Hündinn, er guckt nach den Sternen, die Maß juckt ihm, die Kardätsche zum Wollkämmen, die Kartätsche zum Schießen, können, vermögen, kennen, kindlich, als ein Kind, kündlich, offenbar (1 Tim. 3, 16), ein Laib Brodt (1 Chron. 17, 3), der Leib oder Körper, die Leiter zum Hinaufsteigen und die Letter zum Drucken, der Leim des Tischlers, der Leimen des Maurers, lecken mit der Zunge, läcken, springen oder hintenausschlagen (Jes. 35, 6. Gesch. 9, 5), das Mährchen, die Erzählung, die Märe, ein elendes Pferd, das Mahl oder Gastmahl, das Mal z. E. an der Backe, einmal, zweimal ꝛc., ein Mus oder Gemüse, ein Muß, eine Nothwendigkeit, Nisse von Läusen, Nüsse vom Baume, der Rahm vom Spiegel, der Ram vom Feuer und von der Milch, reuten, das Unkraut ausreuten und auf dem Pferde reiten, Schemen, ein Schatten, sich schämen, die Schärfe eines Messers, die Schärpe eines Officiers, schwären, mit Eiter angefüllt werden, schwören, daß etwas wahr sei, beschweren, belästigen, die Seite am Körper oder an jedem andern Dinge, die Saite (nicht

Seyte) auf musikalischen Instrumenten, der Staar, ein Vogel, der Star, eine Augenkrankheit, Teig von Mehl, der Teich für Fische, imgleichen ein Damm gegen überschwemmungen, der Thau auf dem Grase, das Tau oder Schiffseil, der Ton der Stimme, der Thon des Töpfers, wehren, abwehren, währen, dauern, der Weise oder Kluge, die vater- und mutterlose Waise (nicht Weyse), das Werk, welches man verrichtet, das Werg vom Flachse, der Zaum des Pferdes, der Zaun um den Garten, ein Zwergbaum, welcher klein ist, ein Zwerchholz, welches überzwerch gelegt ist.

6 Unter den eigentlichen allgemeinen Regeln der Rechtschreibung ist folgende die vornehmste: Man schreibe alle Wörter so, daß ein jeder, der lesen gelernt hat, sie nicht anders aussprechen könne, als man sie will gelesen haben. Andre drücken diese Regel so aus: Schreib, wie du sprichst.

Anm. 1. Man muß daher niemals Wörter so schreiben, als man sie auszusprechen sich nicht wagen darf. Z. E. schmäucheln für schmeicheln, Helmbarte für Helleparte.

Anm. 2. Man schreibe keine unnütze Buchstaben, die weder bei der Vermehrung eines Wortes nöthig, noch in dem Stammworte desselben gebräuchlich sind. Es ist also falsch, wenn man zuweilen Bergk, Werkh, verleumbden, umb, Lamb, Fürstenthumb, fromb, Frembde, Ambt oder Ampt, kömpt, nimbt, Bräutigamm, undt, rundt, Standt, wündschen oder wüntschen für Berg, Werk, verläumden 2c. geschrieben findet.

Doch wird das dt in einigen Wörtern anstatt t (aber niemals anstatt d) geduldet, z. E. in Schwerdt.

Man

Man lasse zum andern auch keine Buchsta- 7
ben aus, die ein Wort bei seiner Vermehrung
braucht, und schreibe z. E. nicht kan, gewis,
Zeugnis, Gesez, Königin, prachtvol, sondern kann, gewiß, Zeugniß, Geseß, pracht-
voll, weil man sagt können, gewisse, Zeug-
nisse, Geseße, Königinnen, prachtvoller.

Ueberhaupt zeigt die Vermehrung gemeiniglich,
was ein Wort am Ende für Buchstaben haben
müsse: z. E. er rank würde unrecht sein, weil man
sagt sie rangen; Hingegen ist Zwang richtig geschrieben, weil man sagt des Zwanges, und
Trank, weil man sagt des Trankes.

Man richtet sich zum dritten gerne nach der 8
offenbaren Abstammung der Wörter. Ist aber
die Abstammung zu versteckt oder zweifelhaft, so
folgt man lieber dem Gebrauche der besten
Schriftsteller. Wo diese nicht mit einander
übereinstimmend sind, wählt man sich die
Schreibart, die man für die beste hält, und
bleibt alsdenn, so lange man zweifelhaft ist, bei
einerlei Schreibart.

Exempel zu dieser Regel sind: 1) hauptsächlich,
welches offenbar von Hauptsache kömmt, und
folglich weder hauptzechlich, noch hauptsäglich
geschrieben werden muß. 2) Kunst kömmt von
können her, allein weil diese Abstammung ziemlich
versteckt ist, so kann man ganz wol nur ein einfa-
ches n schreiben, da man doch in könnte, nannte
das verdoppelte n behalten muß, weil die Abstammung offenbarer ist. 3) Scheure scheint zwar von
Schauer, welches ein bedecktes Behältniß etwas

zu

zu verwahren bedeutet, abzustammen; allein weil diese Herleitung theils wenig bekannt, theils zweifelhaft ist, so kann sie niemand berechtigen Schäure zu schreiben. 4) ergötzen ist ein Wort von ungewisser Herleitung und wird von vielen guten Schriftstellern auch ergetzen, ja von einigen gar ergätzen geschrieben, weil aber ergötzen in der guten Aussprache am gewöhnlichsten ist, so bleibt man bei dieser Ungewißheit am liebsten bei ergötzen.

Diese Regel leidet übrigens viele Ausnahmen, indem viele abgeleitete Wörter ihrer Herleitung nicht gemäß geschrieben werden. Im folgenden werden viele Beispiele davon vorkommen. Jetzt merke man nur zwei: Reuter und hindern. Reuter kömmt von reiten, (wie wenigstens die meisten schreiben,) und sollte also eigentlich Reiter heißen; hindern von hinter, welches ehemals hinder geheißen hat, aber nun längst mit dem t geschrieben wird; daher man auch hintern schreiben sollte. Allein der Gebrauch läßt sich nicht zwingen, besonders wenn er durch die Aussprache unterstützt wird.

9 Man schreibet, so viel nur möglich ist, alle einzelne Wörter mit Deutschen Buchstaben, z. E. das Evangelium, der Magister Sententiarum, Rosini Antiquitäten, und nicht das Euangelium, der Magister Sententiarum, Rosini Antiquitäten.

Merke: 1. Doch muß man gemeiniglich die Lateinischen Buchstaben beibehalten, wenn ein Lateinischer Ausdruck, der aus mehrern Redetheilen zusammengesetzt ist, vorkömmt, z. E. um die Restitution in integrum anhalten; oder wenn man auf eine Lateinische Stelle anspielt, z. E. das blieb ihm alta mente repostum; oder wenn man eigentliche Lateinische Büchertitel anführt, z. E. Rosini Antiquitates Romanae, Fabricii Lux Euangelii; oder wenn ein Lateinisches Wort oder kurzer Aus-

Ausdruck, der in Deutschen Schriften sonst wenig üblich ist, gesetzt wird, weil man kein so nachdrückliches Deutsches finden zu können glaubt, z. E. er *philosophirt* *sobrie*, er sagte es *obiter*, sich etwas in abstracto *vorstellen*, etwas *a priori* beweisen. Indessen sind schon hin und wieder Versuche gemacht worden, in allen diesen Fällen lauter Deutsche Buchstaben zu gebrauchen.

2. Deutsche und Lateinische Buchstaben muß man nicht in einem Worte zusammenbringen, z. E. Gratulation, *embrassiren*, für Gratulation, *embrassiren*.

3. Einige ziehen es vor, mit lauter Lateinischen Buchstaben, nach dem Beispiel andrer Nationen, zu schreiben und drucken zu lassen.

Man könnte das *aa*, *ee* und *oo* so gut ent-[10]behren, als man sich jetzt ohne das *uu* behilft. Wenigstens sollte *aa* und *oo* in keinen Wörtern stehen, die entweder selbst von Wörtern herkommen, in welchen nur ein einzelnes *a* oder *o* steht, oder von denen doch andere Wörter herkommen, die ein *ä* und *ö* haben; (denn von *aa* und *oo* sollte wol eigentlich kein *ä* und *ö*, sondern *ää* und *öö* herkommen.)

Anm. 1. Daher ist *aa* in allen Wörtern aus dem Lateinischen falsch, weil im Lateinischen kein *aa*, welches einfach ausgesprochen wird, statt findet, z. E. Stat von *stat*. Auch ist Haabe, Spraache und Maaß unrecht, indem sie offenbar von haben, ich sprach und ich maß kommen, und Schaale, weil es offenbar mit Schale einerlei Wort ist. Endlich sollte auch aus Aal, Aas, Haar, Maal (z. E. im Gesichte), Quaal, Saal, Schaam, Paar, hooch, Schooß der eine Vokal wegbleiben, weil es von ihnen allen abgeleitete Wörter mit *ä* und *ö* giebt. Indessen wird der verdoppelte Vokal doch gemeiniglich

niglich in Aal, Aas, Paar und Schooß behalten.
Für spaat muß man spät, und für Room oder Raam
Ram schreiben.

Anm. 2. Sonst ist aa erlaubt in Aachen, Aar,
Haag, Maas (ein Fluß), Saat, Schaar, Staar
(ein Vogel), Waare. Wegbleiben kann das eine
a in bar, Czar oder Zar, gelabte Milch, Bake,
Pflugschar, pralen, Saame, schal. In manchen
muß aa mit ah verwechselt werden, z. E. in Staal.

Anm. 3. Das oo ist erlaubt in Boot, Loos,
Moor (Schlamm), Moos, unrichtig in Sool
Salzsoole, Schlooßen für Schloßen.

Anm. 4. Das uu schreiben einige wenige noch
jetzt im Worte Nuus.

Anm. 5. Das ee ist gebräuchlich in Beere,
Heer, Heerde, leer, Meer, Schmeer, Speer,
Teer, imgleichen in Klee, See, Schnee, Spree (der
Staar, imgl. ein Fluß), und Seele nebst andern,
welche oben (Orthoeple N. 48.) genannt sind; unnöthig und unrichtig in queer, seelig, Scheere,
schweer. In Heel (Jes. 3, 9. Sir. 8, 21. wovon
verheelen) und in Meel muß ee mit eh verwechselt,
und anstatt Schlee muß Schlehe geschrieben werden.

Vom Gebrauche der unreinen Vokale ä, ö und ü.

11 Das ä, ö und ü wird vornehmlich in solchen
Wörtern gebraucht, die von andern Wörtern
mit a, o und u abstammen, z. E. Väter von
Vater, öfter von oft, Gemüth von Muth.

Daher sind folgende Wörter unrichtig geschrieben: gäben, lädig, mässen, beschedigen, erwehnt,
ein-

einschrenken, gemeß, Geschefte, kemmen, nehren, schelen, schezen, wehlen, wehnen, welzen, zehlen.

Folgende Wörter, die entweder Stammwör: **12** ter sind, oder deren Ursprung doch nicht einem jeden gleich in die Augen fällt, haben ein ä:

Ähnlich, Ähre, äzen, allmählich, bähen, Bär, beständig, blähen, Däne, Färse (siehe N. 5), Gräte, jähe, jähnen, Käse, Krähe, mähen, Mäkler, prägen, Räzel, säen, Säge, schmähen, schmähleu, schmählich, Schwänke, schwären (s. N. 5. Anm. 3), Thräne, Träber, träge, zähe, Zähre.

Folgende Wörter werden lieber mit ä als mit **13** e geschrieben:

Ämsig, ausspähen, drängen, Gebärde, Gränze, gräßlich, Hälfte, Italiäner, Käfer, läcken (s. N. 5), Mährchen, Märe, Märte, ohngefär, verbrämt, auswärts, seitwärts u. d. g.

Folgende Wörter werden lieber mit e als mit **14** ä geschrieben:

Becher, Becken, Becker, behende, Belt, besser, edel, ehren, einhellig, Eltern, Ermel, Erndte, erwegen, (obgleich das veraltete wägen ein ä hat), Erz, Esse, fertig, Flechse, Geck, gellen, Hecke, Hefen, hell, Heller, henken, Henne, Hering, Hexe, Jenner, Kerbel, Knebelbart, Lerm, Mehl, Mensch, Meze, nezen, prellen, schecklgt, buntscheckigt, Schelle, Scherf, Seckel (eine Tasche), abspenstig, wiederspenstig, Stengel, stet, verrenken, verwegen, Vetter, Welle, Welsch, imgleichen Bekentniß, Erkentniß, trübselig u. d. g. von den Wörtern in sal. Hiezu kommen noch Erle und Elster, als Wörter von ungewissem, und verschiedene von Lateinischem Ursprunge, als: Engel, Engern und Westphalen, Ente, Rezer, Lerchenbaum ꝛc.

Das ö wird in folgenden schweren und Stamm: **15** wörtern gebraucht:

Blö:

Blöken, Börse, böse, empören, ergötzen (s. N. 8.), Gekröse, gewöhnen (nicht gewehnen), Höker, Höfker, hören, Knöchel, Köcher, Köder, körnicht (nicht kernicht), Kröte, Löffel (nicht Leffel), löffeln (nicht läffeln), löschen, löthen, mögen, öde, Öhr, Öl, plötzlich, röcheln, schön, schwören, Stör, stöhnen, stören, trödeln, versöhnen.

In frömde muß ö mit e, und in dörre und dörfen mit ü verwechselt werden.

16 Das ü ist in folgenden Wörtern zu bemerken: Abtrünnig, anschüren, bezüchtigen (nicht bezichtigen), blühen, Blüte, Brühe, brühen, Bühne, Bündniß (nicht Bindniß), Bürde, Büre, Bürge, dünken, dürfen, Dürre, frühe, führen, füllen, Füllen (nicht Fohlen), gebühren, Getümmel, Glück, glühen, Genüge und Gnüge, vergnügen, begnügen, grün, hüllen, Kübel, Küssen (nicht Kissen), lütten (nicht kitten), Lücke, lügen, Lüftertuch, Mühe, Mühle, Münze, mürbe, Mütze, nüchtern, pflücken, Pfründe, Pfühl, plündern, Rübe, Rücken, rücken, rügen, rühren, rütteln, Scharmützel, schlüpfen, schlüpfrig, schlürfen, schnüren, schüchtern, schütteln, schüttern, schwül (nicht schwul), sprühen, sprützen, spüken, spülen, spützen, Stück, Tartüffeln, trübe, Trüffeln, trügen (nicht triegen), Tümpfel, Tüttel, üben, über, ungestüm, wühlen, Willkür.

In ausfündig, Gebürge, Fünnen (im Gesichte), Rüttel, Rüttel, lüderlich, schwürig, Schwürigkeit und Züpfel, imgleichen in der Endung nüß (z. E. Gedächtnüß) muß ü theils mit i theils mit ie, und in jücken und zücken mit u verwechselt werden, in versühnen aber mit ö.

Noch kann man merken, daß Ae, Oe und Ue oder Ui für Ä, Ö, Ü eben so wenig müsse geschrieben werden, als man ae, oe und ue oder ui für ä, ö, ü zu schreiben pflegt. Selbst in fremden Wörtern, z. E.

Ägyp-

Ägypten iſt das Ae im Schreiben kaum erlaubt. Im Drucken muß man einige Nachſicht haben, weil die Schriftgießer ſelten Ä, Ö und Ü oder A, O und U mit einem darüber geſetzten e zu liefern pflegen.

Vom Gebrauch der Diphthongen.

Verſchiedene Wörter, in welchen ai (oder ay) 17 richtig gebraucht wird, ſind N. 5. Anm. 3, und manche, in welchen es unrichtig gebraucht wird, ebendaſelbſt Anm. 2. bereits vorgekommen. Außer denſelben kann man noch merken aichen (für meſſen), Hain, Kaiſer, laiben, Laich, Main, Mainz, Mai, Maiß (Türkiſcher Weizen), maiſchen (beim Brauen), in welchen es richtig, und Getraide, Maier, Maiſe und Rain, in welchen es mit ei zu verwechſeln iſt.

Au und ow müſſen am Ende einiger Namen 18 der Städte nicht mit einander verwechſelt werden. Z. E. man muß Breslau und Prenzlau (Lat. Wratislauia, Prtmislauia) und nicht Breslow und Prenzlow ſchreiben.

Indeſſen hat der Gebrauch doch ſchon in verſchiedenen Wörtern das ow in au verändert; z. E. in Cracau, Warſchau. Einige fangen an in ihren Geſchlechtsnamen von ow das w wegzulaſſen.

Eu iſt beſonders in folgenden Wörtern zu 19 merken:

Beugen, Beule, Eule, feucht, Heu (nicht Häu), heucheln (nicht häucheln), heulen, heute, Keule, leuchten, leugnen (nicht läugnen), Leute, neu, Scheure (ſ. oben N. 8.), ſcheußlich, Seuche, ſeufzen, verleumden;

D

äu

au hingegen, welches immer von au ab-
stammt, in folgenden:

Bärenhäuter, betäuben, bläuen, däucht, Gebäude,
gebräuchlich, läuten (nicht lauten), Räude, säugen,
Säule (andre Seule), säumen, schmäuchen, täu-
schen, zäunen.

Für bräuen, gäul, gescheut, heurathen,
käuen, keuchen, Schläufe, schmäucheln muß
man brauen, geil, gescheit, heirathen, käuen,
keichen, Schleife, schmeicheln schreiben, und zeu-
gen von zeigen wol unterscheiden. In Läube, gläu-
ben spricht und schreibt man jetzt ein au. In fremden
Wörtern schreibt man oft ö für eu, z. E. Pretiöse.

20 Ein langes i in einer langen Sylbe wird in
Deutschen Wörtern mit ie geschrieben.

Anm. 1. Wenige (z. E. Pipe, ein Weinfaß,
welches doch vielmehr Plattdeutsch oder Holländisch
ist) sind ausgenommen. Mine und Miene unterscheiden viele ohne Noth, da beides fremde Wörter
sind. Die Zeitwörter fremden Ursprungs in iren
brauchen außer regieren auch nur ein i, wiewol
viele ein ie darinn schreiben. Einige haben zwei i,
z. E. variiren, pronunciiren, wovon man das
eine nicht auslassen muß; doch schreibt man kopi-
ren für kopüren.

Anm. 2. Die Endungen ie und ien sind streitig,
indem einige lieber Kniee, knieen, Melodieen,
imgleichen geschrieen, gespieen schreiben, welches
jedoch besonders in den 3 ersten und allen ähnlichen
sehr unnöthig ist. Man würde mit eben dem Grunde
schreiben können die Seeen.

Anm. 3. In Fiebel, Liecht, wiedmen, Rubin
und einigen andern muß ie ebenfals mit i, und in

Cap-

Sapphier mit y vertauscht werden. Papier für Papyr ist allgemein angenommen.

Vom Gebrauch des y.

Man thäte wol, wenn man das y nirgends **21** anders gebrauchte, als 1) in Wörtern von Griechischem und anderm fremden Ursprunge; z. E. Sylbe, York, Young. 2) In eigenen Namen und 3) allenfalls in den Wörtern, wo ein ij oder jj dadurch angezeigt wird, (z. E. Boy, boyen, pfuy, wiewol man auch Boj, bojen, pfui schreiben kann.) Indessen behalten es die meisten noch am Ende der Wörter, und in allen, welche davon abstammen (z. E. frey, befreyen, Freyheit, Freybrief), und in dem Worte seyn von ich bin. In denjenigen, wo man es bloß zur Unterscheidung gebraucht, ist es ungereimt.

In Ysopp braucht man es nicht in i zu verändern, weil das Wort dem Griechischen ὕσσωπος noch immer ähnlich genug sieht; in Ygel hingegen ist es ganz falsch. Einige gebrauchen auf eine lächerliche Weise y für ü.

Von Vokalen mit einem verlängernden h.

(Nach einem Diphthongen ist das verlängernde h un- **22** nütz und ungebräuchlich, außer daß wenige es noch in verli hren schreiben, und daß man es in befiehlst, stiehlt u dgl. noch duldet.)

Man thut am besten, wenn man sich von den Wörtern, die nach jedem Vokale ein h haben, ein ordentliches Verzeichniß hält, und dazu dasjenige, welches hier beigefügt werden soll, zum Grunde legt.

D 2   Nach

23 Nach dem a ist das Verlängerungs-h gebräuchlich in folgenden Wörtern:

Ahl (s. N. 5.), ahnden, Ahnen, Bahn, Bahre, bewahren, dahlen, fahl, Fahne, fahren, Fahrt, Gefahr, Gemahl, gewahr, Hahn, Jahr, kahl, Kahn, Krahn (auf den Packhöfen), lahm, Lahn, Mahl (s. N. 5.), mahlen (s. N. 5.), mahnen, nachahmen, Stahl, Strahl, Sahne, Wahl, Wahn, wahr, Zahl, zahm. Ah muß mit aa vertauscht werden in Wahre.

24 Die Wörter, in welchen das e vor dem h vorkömmt, sind N. 33 der Orthoepie schon größtentheils dagewesen. Es sind bloß ehren, kehren, lehren, mehr und sehr noch zu merken, die nach N. 31 der Orthoepie ein scharfes e haben, und hehlen, Kehle, auskehlen (im Bauen), und Quehle, in welchen e nach N. 33 offen ist.

25 Nach i findet sich h nur in ihm, ihn, ihnen, ihr, ihre, und bei einigen in befiehlt u. d. g. Vergl. N. 22.

26 Nach o gebraucht man h in

Bohle (für Diele), bohren, Dohle, Fohlen (für Füllen), Hohn, Kohl, Kohle, Lohn, Mohn, ohne, Ohr, Rohr, Sohn, wohnen.

27 Nach u steht h in

Buhlen, Huhn, Ruhm, Ruhr, Stuhl, Uhr.

28 Das verlängernde h kann weggelassen werden
1) in den Wörtern, die aus dem Lateinischen kommen. Also ist unrecht Klahr, Öhl, Persohn, Pohl, Sohle. Indessen duldet man h noch in Pohlen, wovon man aber auch billig Pohlnisch schreiben sollte.

2) In

2) In

Auserkoren (vom alten kören), bequem, Blume, Büre, Done, Flor, Fore (oder Forelle), Krone, frönen, gebären, (Geren (der Schoß am Kleide), Gram, hol, holen, Krone, Kurfürst, Name, Pfal, Pful, pralen, Same, schal, schmal, Schnur (s. N. 5), schonen, Schwan, schwören, Schwur, Sielen, stelen, Span, sparen, Spule, Spur, Stör, stören, Willkür, wol, Wolfahrt, zielen, ziemen.

3) In den Endungen bar, dar, mal, sam.

4) In dem Worte ur, welches nur in der Zusammensetzung gebräuchlich ist, z. E. uralt, Ursprung, Urältervater.

Anm. 1. Viele verwerfen das verlängernde h ganz, und dulden es nur da, wo die Abstammung es erfordert, z. E. in ehren, Ohm, ohne, weil diese aus eheren, Oheim und ohen entstanden sind.

Anm. 2. Es kömmt nur vor den flüssigen Mitlautern vor, außer in Fehde und Rehde, wofür doch die meisten Rhede schreiben.

Anm. 3. In frölich und ohngefär bleibt das h weg, welches sich in ihren Stammwörtern froh und Gefahr befindet; in schmählich aber muß man es nicht auslassen. Nemlich kan kein h haben, weil es nicht, wie einige glauben, von nehmen, sondern von Name ist.

Von der Verdoppelung der Konsonanten.

Einige verdoppelte Konsonanten haben im Schreiben eigene Züge, nemlich ff, ſſ und tt, (die beiden ersten auch im Drucke). Für kk und zz ist ck und z einmal eingeführt, und es ist nicht der geringste

D 3   Grund

Grund da, es wieder abzuschaffen. Doch kann man beym Abbrechen der Zeilen ck in k-k zertheilen, z. E. schmek-ken. Ueber n und m macht man im Schreiben lieber einen Strich, als daß man sie verdoppeln solte.

Man findet alle Mitlauter verdoppelt, außer ch, j, q, ß, sch, v, w; aber auch diese würden bis auf das q alle verdoppelt werden können, wenn man es nöthig fände.

30 Außer der Zusammensetzung darf nach einem Diphthongen, einem langen Vokal und einem Mitlauter niemals ein verdoppelter Mitlauter folgen.

Daher ist unrecht, wenn viele lauffen, schuff, pauccken, beizen, Schaffe, Picke, scharff, lincks, ganz für laufen, schuf, pauken, beizen, Schafe, Pike, scharf, links, ganz schreiben. Am ungereimtesten ist diese Gewohnheit nach langen Vokalen, die durch den verdoppelten Konsonanten schlechterdings kurz werden. Man hüte sich daher noch in folgenden Wörtern vor dem doppelten Mitlauter: abtakeln, Artikel, blöken, Ekel, Haken, Hof, Knute, Lake, Laken, Lükertuch, Papier, quit, Quitung, Räzel, Schnake, schnakisch, Spik, spuken oder spüken, Staken, Vater, Wapen; imgleichen Physik u. dgl.

In zusammengesetzten Wörtern muß man keinen Buchstaben vernachläßigen, der am Ende des einen und zu Anfange des andern, ja zu Ende des einen wol gar doppelt vorkömmt. Daher ist falsch: vieleicht, Zierath, achzehn, achzig, enzwei, Schiffahrt, Aufahrt, weißagen für vielleicht, achtzehn, achtzig, entzwei, Schifffahrt, Auffahrt, weissagen. In solchen Wörtern sollte man sich aber

aber der zusammengezogenen Buchstaben enthalten,
und z. E. für Aufführung nicht Aufführung
schreiben und drucken. Aussatz, dasselbe und
weissagen für Aussatz, dasselbe und weiosagen
sind zu sehr eingerissen, als daß man sie abschaffen
könnte. Dienſttag für Dienstag läſſt sich nicht
einführen.

Auch vor einem andern Konsonanten darf kein 31
verdoppelter stehen, wofern keine Zusammenziehung daist, oder doch das Stammwort den verdoppelten Mitlauter schon hat.

Daher werden die Enduugen der Nennwörter schaft
und haft unrichtig mit einem ff geschrieben, imgleichen
muß für affter, offt hefften, Schrifft, unnd,
sammt nur after, oft, heften, Schrift, und,
samt geschrieben werden. Ja in einigen Wörtern wird
gegen die Herleitung der eine Konsonant ohne Fehler
vernachläſſigt. Dergleichen sind also, Brunſt, Ge-
ſtalt, Gunſt, herschen, Kunſt, man, Gewinſt,
Bekentniß, Sylbe. Das ff verwandeln viele, so
oft ein andrer Konsonant folgt, in f, z. E. in hoft,
schaft, Hofnung, vortreflich. Sonſt iſt der verdoppelte Konsonant auch theils unnöthig, theils falsch, in
Abbt, Allmanach, Allmosen, hinn, Innhalt,
Innbegriff, irrdisch, Senne (für Sehne),
quitt, Quittung. Hingegen muß er in allen Personen und Zeiten der Wörter kommen, können, sollen,
wollen, imgleichen in allenfalls, Cattun, darinn
hierinn, worinn, Dollmetscher, herrlich, jedermann, Kastellan, Nachtigall, Sammler,
Sammlung, Scharmützel, Wallfisch und in dem
unzertrennlichen Vorworte miß wol beobachtet werden.
In den Participiis und Imperfektis der Zeitwörter in
ennen, wo das e in a verwandelt wird, pflegt man
auch gemeiniglich das nn zu behalten, z. E. bekannt
nannte. Kanzellei kann das eine l wol entbehren.

Von

Von der Verwandlung des ßt oder ſſt in ſt. ſiehe unten N. 46. von **Pilgrim, Bräutigam** u. dgl. die Etymologie.

Von den einzelnen Konſonanten und ihren Verbindungen.

32 B muß nicht mit dem p verwechſelt werden. So iſt es vor dem t in **Abt** richtig, in **Haupt** aber unrichtig. Im Anfange der Wörter iſt die Schreibart am erſten zweifelhaft. So ſchreiben viele **Buckel, Belz** und **pelzen,** andere aber lieber **Puckel, Pelz** und **belzen.**

33 C iſt kein Deutſcher Buchſtabe; er wird aber doch in Deutſchen Wörtern gebraucht, ſo oft ch und ck vorkömmt; ein bloßes c in eigentlich Deutſchen Wörtern iſt falſch: z. E. **Caldaunen, Cläger, Creis,** wie man vielleicht noch in einigen Kanzleien ſchreibt. Dies iſt auch in ſolchen Wörtern zu bemerken, die eigentlich von Deutſchem Urſprunge ſind, ob man ſie gleich anfänglich für fremde hält. Z. E. **Karl.** In fremden Wörtern hält man es am ſicherſten ſo, daß man für c allezeit k ſchreibt, ſo oft es wie k ausgeſprochen wird: z. E. **abſtrakt, Kalender, Kapelle, Klavier, Klyſtier, Kommiſſarius, Kontrakt;** doch kann man, wenn man will, den eignen Namen, die im Lateiniſchen und in den neuern Sprachen, aus welchen wir ſie entlehnen, einmal ein c haben, daſſelbe laſſen, wenn ſie auch Griechiſchen oder Hebräiſchen Urſprungs ſind. Z. E. **Cadix, Cain, Cato, Codrus, Complutum, Cröſus, Cteſiphon, Cuſan.**

In

In Wörtern, die eine ganz Deutsche Gestalt angenommen haben, muß durchaus ein k sein, wenn es die Aussprache erfordert, sie mögen eigene Namen sein oder nicht; z. E. in Köln, Koblenz, Käse.

Wenn c wie z gelesen wird, so wird es gemeiniglich beibehalten, indem diejenigen wenig Beifall erhalten haben, welche Zizero, Zölius, Zypern ꝛc. schrieben; indessen sind doch verschiedene Wörter mit einem z gewöhnlich geworden, in welchen man es nicht wol wieder abschaffen kann. Dergleichen sind:
Zelle, Zinnober, Zirkel (das Instrument), zirkeln, Bezirk, Zinse oder Zins, imgleichen Zent, wovon Zentrichter.

Hingegen behält man das c lieber in Ceder, Centner, Cider (Äpfelmost), Cirkel (die Figur), Citrone, Cypressen, Proceß.
Von Czaar s. Orthoepie N. 68. Für Scepter schreiben viele unrichtig Zepter.

Wenn das c an das Ende einer Sylbe kömmt, wo es wie z gelesen werden soll, so muß es in z verwandelt werden, und in solchen und den damit verwandten Wörtern pflegt es auch wol hernach zu bleiben, wenn gleich wieder ein Vokal folgt, z. E. Kommerzkollegium, Kommerzienrath, ein Buch in Sedez.

Alles, was von c gesagt ist, gilt auch vom ti vor einem Vokal, welches wie ci ausgesprochen wird. Man schreibt nemlich Veneration, Ambition, Accidentien, hingegen Horaz, Lukrez, Excellenz, Justiz, Properz, spaziren ꝛc.

Ch muß nicht mit k und c verwechselt werden. Dies thun diejenigen, welche Kadettenchor für Kadettenkorps, imgleichen kolerisch und Krist für cholerisch und Christ schreiben.

D 5   Hin-

Hingegen schreibt man für Chur und Churfürst besser Kur und Kurfürst.

/ Charfreitag ist gewöhnlicher als Karfreitag, welches richtiger zu sein scheint, Kalk besser als Kalch. Talch für Unschlitt muß entweder Talk, oder (welches gewöhnlicher ist) Talg geschrieben werden. Hingegen ist Talk, ein gewisses Mineral, besser als Talg.

36 Ch und g werden auch leicht, zumal am Ende des Worts, unrichtig mit einander verwechselt; z. E.

Für Sittig schreiben andere unrichtig Sittich, für Mannichfaltigkeit Mannigfaltigkeit, für sittich-grün sittiggrün. Besonders wird die Endung lich und ig sehr häufig mit einander unrichtig verwechselt, unter welchen doch stets der Unterschied beobachtet werden sollte, daß wenn lich die hinzugesetzte Endung ist, ein ch, wenn aber nur ig hinzugesetzt ist, ein g am Ende geschrieben würde: Es giebt zwar auch folgende Wörter auf lig: billig, eilig, fällig, gefällig, gesellig, heilig, bellig, einhellig, hinterstellig, kurzweilig, langweilig, nachtheilig, selig, glückselig ꝛc. völlig, willig; allein in diesen allen gehört l nicht zur Endung, sondern zum Stammworte. Adelich wollen einige in adelig verwandeln, allein die Aussprache ist dagegen *) Unzählig scheint besser zu sein, als unzählich, weil man schreibt vollzählig, oder es müste für unzällich stehen. Allmälig schreiben diejenigen, welche es von mal, und allmählich die, welche es von allgemächlich herleiten

Die Adjektiva in icht (z. E. löchericht), die unten in der Etymologie sollen angezeigt werden, schreiben einige fälschlich am Ende mit g, andere mit ch und andere mit gt.

In Agtstein muß ein g und in Achat ein ch stehen.

Jagd

*) Es steht vermuthlich für adellich, so wie untadelich für untadellich.

Jagd ist zwar sehr gewöhnlich; allein Jacht ist besser, weil man sagt die Jachten. Es kömmt von jagen, wie Schlacht und Tracht von schlagen und tragen.

Die Verkleinerungswörter müssen hinten mit chen und nicht mit gen geschrieben werden. Z. E. Mädchen und nicht Mädgen.

37 Weil chs oder chs vollkommen wie x ausgesprochen wird, so hat man folgende Wörter zu merken:

1. Mit chs werden geschrieben Achse, (doch schreiben einige Axe, wenn es von einem Weltkörper gebraucht wird, welches aber unnöthig ist). Achsel, Buchsbaum, (viele schreiben Buxbaum), Büchse, Dachs, Flachs, Flechse, Fuchs, Luchs, Ochse, sechs, Wachs, wachsen, Wechsel.

2. Mit x werden geschrieben Art, Eidexe (andere schreiben Eidechs), Hexe, Oxhoft, Taxe, Taxus oder Tax, imgleichen Exempel, Firsterne, laxiren u. a. wie auch fix für geschwinde.

Flugs hat besser ein gs als ein cks, stracks aber wird allgemein mit cks geschrieben.

38 D ist von t und th sehr wol zu unterscheiden:

1. Im Anfange der Wörter und Sylben. Z. E. für tumm muß man dumm, für Danne Tanne, für Thum Dom, für Düringen Thüringen, für siebende siebente, für Scheidel Scheitel, für waten waden schreiben *). Mehrere Exempel werden unten N. 59 vorkommen.

2. Am Ende. Z. E. man muß Bord, Geduld, Entgelt und Sod, (eine Magenkrankheit,) für Bort, Geduld, Entgeld und Soot schreiben. Folglich auch nicht gedultig, sondern geduldig. Ferner geflissentlich, hoffentlich, wissentlich für geflissendlich 2c.

In

*) Man hat lange gestritten, ob man Deutsch oder Teutsch schreiben solle. Endlich hat Deutsch aus eben nicht gar zu wichtigen Gründen den Vorzug erhalten.

In dem Worte Landsknecht muß man ds schreiben, ob es gleich vielleicht eigentlich Lanzknecht heißen sollte. Wie th und t unterschieden werden müsse, davon s. unten N. 48.

39 Das dt am Ende und in der Mitte sollte eigentlich nur in Wörtern geduldet werden, wo d und t durch eine Zusammenziehung neben einander zu stehen gekommen sind, z. E. beredt, redte, gesandt, verwandt, entwandt, befreundt, besonders in dem Adjektivo todt nebst tödten, da hingegen das Substantivum nur Tod muß geschrieben werden, so wie auch in undt, Handt, Mundt, wirdt, rundt, bekandt, verbandt, genandt, lidt u. d. g. durchaus kein dt statt haben kann. Man duldet es aber noch in Stadt; auch wird es in Schwerdt und Erndte noch von den meisten beibehalten. Brod ist besser als Brodt und Brot, gescheidt besser als gescheid.

40 Das f ist weder mit pf, noch mit ph, noch mit v zu verwechseln.

1. Für Pflaumfedern ist Flaumfedern beinahe gebräuchlicher. Finne ist besser als Pfinne.

2. Vordem schrieb man Forwerk und Vestung für Vorwerk, Festung. Von vest, wovon ehrenvest herkömmt, s. S. 41. Im Anfang des Worts ist v vor einem Konsonanten außer dem Worte Vließ in Deutschen Wörtern nicht gebräuchlich. Am Ende findet es sich in brav, Kreditiv, Vomitiv u. d. g. Man schreibt gemeiniglich naif, wenn der Konsonant am Ende steht; allein naiv würde eben so gut sein, da man in aktiv, massiv, Passivschulden u. dgl. längst ein v angenommen hat. Bloß in vif, wofür man aber lieber lebhaft sagt, würde man das f am Ende beibehalten müssen. Grav für Graf ist nicht gut. In

Vaß,

Vaß, Verniß und Geväß ist f eingeführter: Faß,
Firniß, Gefäß. Von Hafen s. N. 5. Volter
ist ganz unrichtig. In der Mitte steht v in Frevel,
Havel, Ravel, Sklave. Lavette ist gebräuchlicher als Laffete. Fördern, befördern, füllen haben ein f, ob sie gleich von vor und voll herkommen,
hingegen muß man in vorne, Vordertheil, zuvör-
derst u. d g. das v behalten. Schavot ist für Echa-
faut gebräuchlich. In den Reichsländern sagt man
ferden anstatt im vorigen Jahre. Dafür ist es
nicht nöthig, vörden zu schreiben, indem auch in der
Deutschen Bibel fernig (Hohel. 7, 9) und firn
(3 Mos. 26, 10) in eben der Bedeutung vorkömmt.

Man streitet, ob für in der Zusammensetzung beständ-
dig in vor zu verwandeln sei, wie in dem Worte Vor-
mund offenbar geschehen ist. Wenn man indessen will,
so kann man Fürbitte, fürlieb, Fürsprache, Für-
sprecher, Fürwort (d. i. Fürbitte) schreiben, wiewol Vorbitte rc. eben so gut ist. In fürwahr und
Fürwort (d. i. ein Pronomen) läßt sich für nicht in
vor verwandeln. Fürwitz, Fürsorge, Fürsicht
und Fürsehung für Vorwitz, Vorsorge u s. w.
schreiben nur wenige. In allen andern ist für ganz
falsch; z. E. für aus, fürbei, Fürbild, fürha-
ben, fürhin, fürnehm, fürnehmlich, Fürsatz,
Fürschmack, Fürschub, zufür. Fürbaß und
fürder (Luc. 24, 28) für weiter sind veraltet. Noch sind
die Wörter Vorschreiben und Vorschrift zu merken.
Da ein Vorschreiben ein Schreiben für jemand oder zu
jemands Besten ist, so sollten es diejenigen, welche für
in der Zusammensetzung behalten, Fürschreiben nennen, und so auch Fürschrift, wenn es eben so viel als
Vorschreiben bedeutet. Hingegen muß eine Vorschrift, nach welcher man schreibt oder handelt, niemals
Fürschrift genannt werden. Wie für und vor an sich
müssen unterschieden werden, gehört nicht hieher.

z. Pb

3. Ph wird in den Wörtern von Griechischem Ursprunge gebraucht, z. E. Prophet, Phiole, (welches von Viole wol zu unterscheiden ist), Philosophie, imgleichen in Triumph, (woraus Trumpf geworden ist,) und Epheu. Auch ist es in Kampher, Westphalen, Rudolph und Adolph zu dulden, wiewol viele auch Kampfer und Westpfalen schreiben; in Urphede aber für Urfehde ist es ganz unrichtig. In manchen hat der Gebrauch ph in f verwandelt, welches daher rührt, weil wir dergleichen Wörter nicht aus dem Lateinischen, sondern aus dem Italiänischen und Französischen erhalten haben. Dahin gehören Fasan, Fantasie, Sinfonie, nebst den davon herkommenden, imgleichen Faseln (eine Art von Bohnen).

4. Pf ist noch in folgenden Wörtern zu bemerken, empfahen, empfangen, empfehlen, empfinden, Ampfer, Dampf, impfen, Kampf, klopfen, pfropfen (nicht propfen), Rumpf, rümpfen, rupfen, Schimpf, schlüpfen, stopfen, stumpf, Tropf, Tropfen, Zopf, zupfen, imgleichen in Stöpfel, wofür viele unrichtig Stöpsel schreiben. Für Pfalisaden und Pfacht wird jetzt Pallisaden und Pacht geschrieben.

41 G und j sollten schon durch die Aussprache hinlänglich unterschieden werden, da das aber nicht immer geschieht, so muß man sich hüten, sie zu verwechseln.

Für jähe und jähnen schreiben viele unrichtig gähe und gähnen. George muß abgekürzt entweder Görge oder Jürge, oder auch Görgen und Jürgen geschrieben werden.

42 Das h, welches nicht bloß zur Verlängerung dient, muß man nicht auslassen, z. E. in Weihnachten, weil dieses Wort von weihen kömmt; man muß es aber auch nicht hineinsetzen, wo es nicht hingehört, z. E. in freihen, heirathen.

In

In Weihrauch laſſen die meiſten das h weg.
Vergl. N. 28.

Das j muß in einigen Wörtern, die ein e nach 43
demſelben haben, nicht mit dem Doppellauter
ie verwechſelt werden.

Das thun aber diejenigen, welche für je, jeder, jedoch, jedweder, jeglicher, jemals, jemand beſtändig ie, ieder, iedoch, iedweder, ieglicher
(oder iedlicher), iemals, iemand ſprechen und
ſchreiben. In jener, Jenner, derjenige und jen-
ſeits ſpricht jedermann ein Jod, obgleich einige durchaus, auch in kleinen Buchſtaben, die Figur deſſen vom
i nicht unterſcheiden (und daher nicht anders als ia,
iauchzen u. ſ. w. ſchreiben) wollen. Indeſſen iſt in
den großen Buchſtaben die Figur des Jod und des i nicht
unterſchieden, ob man es gleich leicht einführen könnte,
I ſtets für ein Vokal, und J, (welches bis unter die Li-
nie geht,) für einen Konſonanten anzunehmen.

K wird in einigen aus dem Franzöſiſchen ge- 44
nommenen Wörtern für qu geſchrieben. Z. E.
Perücke, Picke, gemeiniglich aber behalten,
z. E. laquiren, Quarantaine. Für Paquet
ſchreiben die meiſten Packet. übrigens hat q
beſſer ein u als ein v nach ſich, und kw anſtatt
qu u ſchreiben iſt unnöthig.

Bei dem Gebrauch des ſ iſt vornehmlich zu 45
merken, daß ſ am Anfange und s am Ende der
Sylbe ſtehe. Z. E. ſo, das.

Doch ſchreiben viele das gelinde ſ am Ende einer
Sylbe, wenigſtens in manchen Wörtern, als aufge-
blaſner, mit der langen Figur. Weil aber Bläschen, Mosler, Röslein, die runde und kleine Figur
haben, ohnerachtet das s gelinde iſt, ſo könnte man
auch eben ſo wol aufgeblasner, Lausnitz ꝛc.

ſch) ei-

schreiben. Wenn auf ein gelindes s ein t folgt, so ist es besser, die lange Figur zu behalten, nur muß man sie nicht mit dem t zusammenhängen, z. E. rast, nicht raſt und rast. Wenn nach s ein Apoſtroph folgt, kann es nicht in s verwandelt werden, z. E. weiſ' und gütig, vom Zeiſ'ge und der Nachtigall, nicht weis' und gütig ꝛc.

46 Das ß wird von einigen, insofern es ein ſcharfes ſ bedeutet, ganz verworfen. Daher ſchreiben ſie groſe, Schöſe; allein dieſe Schreibart hat wenig Beifall gefunden, und iſt auch in der That nicht zu billigen. Andere ſchreiben in der Mitte eines Worts, wenn ein Vokal auf das ſcharfe ſ folget, entweder allezeit ſſ oder allezeit ß *). Am beſten iſt es, wenn man ſſ niemals ſetzt, als wenn ein doppeltes ſ erfordert wird, und ß niemals, als wenn ein ſcharfes ſ zwiſchen zwei Vokalen daiſt. Exempel ſ. in der Orthoeple N. 74. Am Ende der Sylbe und vor einem Konſonant ſchreibt faſt niemand ſſ, ſondern braucht dafür ein ß; z. E. verlaßner, iß, ißt für verlaſſner, iſſ, iſſt.

Wenn ßt ſo viel als ſſt iſt, ſo ziehen es viele in ſt zuſammen: z. E. läſt, küſt, faſten für läſſet oder läßt, küſſet oder küßt, faſſeten oder faßten. Hingegen iſt es ganz unrecht, für ßt, wenn es nicht ſo viel als ſſt iſt, ein ſt zu ſchreiben: z. E. ſtöſt, äſt für ſtößt oder ſtößet, äßt oder äßet. In manchen Wörtern ſchreiben viele unrichtig ein ß für ein ſ oder s; z. E. Preiß, preißen, Ameiße, Reiß,

---

*) Diejenigen, welche ß und ſſ ohne allen Unterſchied, bloß wie es ihnen einfällt, ſchreiben, werden ſich hoffentlich nicht unter die Orthographen rechnen.

Reiß, loß, Mooß. Hingegen schreiben und sprechen andre ein s für ß in erbosen, gros, Schoos u. s. w.

Für sch wird in fremden Wörtern oft noch ein 47 ch geschrieben, welches unter andern in den Wörtern Charlotte und changiren zu merken ist. Oft aber wird das Französische ch auch in sch verwandelt, z. E. in folgenden:

Approschen, Bresche, eschappiren, Marschall, Schalotte, (eine Art von Zwiebeln,) Schavot; vornehmlich wenn sch am Ende zu stehen kömmt, z. E. Marsch, und folglich in allen, welche davon herkommen, als marschiren.

Einige wollen auch das Französische g mit dem Deutschen sch ausdrücken, und z. E. Schenie für Genie schreiben; allein man hat sie damit ausgelacht.

Viele verwerfen das th in Deutschen Wör-48 tern ganz und gar, und lassen es nur in fremden (z. E. in Theologie, Thron), oder höchstens in solchen Wörtern gelten, die einem Griechischen oder Lateinischen Worte von gleicher Bedeutung sehr ähnlich sehen (z. E. Thier, Thüre, Thräne); allein nachdem es der Gebrauch einmal eingeführt hat, so kann man es nicht wol wieder verdrängen.

Man schreibe also th: 1) im Anfange in Thal, (folglich auch in Thaler,) Thau (s N. 5), Theil, (folglich auch in Vortheil, Urtheil,) theuer, Thor (s. N. 5. Anm. 1), thun, (folglich auch in That, Unterthan rc.), Thurm: wegbleiben kann das h in Teer, Tran, Turnier und in den zusammengesetzten von Theil, die Theil in thel verwandeln, z. E. Viertel.

2) Am Ende in Fluth, Roth, Loth, Monath, Muth, (folglich Armuth,) Noth, Rath, (folglich Vorrath, Zierrath,) roth, werth, Wirth;

E   aber

aber nicht in **Arbeith**, **Arth**, **bath** (von **bitten**), **Bluth** und **Geblüth**, **Geburth**, **Drath**, **Gluth**, **Guth**, **Huth**, **Meth** (für **Meet**,) **Nachmath**, **Nath**, (folglich auch nicht in **Nätherinn**,) **Orth**, **Wirth**, **Wuth**.

3) In der Mitte in **Athem**, **gerathen**, **miethen**, **Pathe**, **Ruthe** und in der Endung **thum**, z. E. in **Alterthum**, **Bißthum** (nicht **Bistum**); aber nicht in **Abentheuer**, **bethen**, (**Gebeth** ꝛc.) **biethen**, (**Geboth**, **Verboth** ꝛc.) **Blüthe**, **Bothe**, **Leuthe**.

In manchen Wörtern bringt man das **h** unrichtig ans Ende, da es in der Mitte stehen bleiben sollte, z. E. in **Farth**. Auch mit **Geburth** und andern, in welchen das **h** anfänglich, obgleich ohne Noth, in der Mitte geschrieben wurde, ist es so gegangen. Die Gegner des **th** verfallen in einen entgegengesetzten Fehler, wenn sie in manchen Wörtern das **h** vom **t** wegnehmen, und hinter den langen Vokal bringen, z. E. **tuhn**, **Taht**, **Armuht**, **Reichtuhm**, **Ahtem**.

49 Viele Wörter, die eigentlich fremde sind und mit einem **v** geschrieben werden sollten, haben ein **w**, weil man ihnen ihren Ursprung kaum mehr ansieht: z. E. **waden**, **wahr**, **Wall**, **Wanne**, **Warze**, **wahr**, **Wein**, **Wespe**, **Weste**, **Wind**, **Wurm**. Hingegen muß in solchen, denen man ihren fremden Ursprung deutlich ansieht, das **v** behalten werden, z. E. in **Vasen**, wofür einige **Wasen** schreiben.

50 Das **z** sehen einige als einen doppelten Buchstaben an, und schreiben z. E. **sezen** für **setzen**. Es ist aber falsch.

Von Trennung der Sylben.

51 Man trennt die Sylben bei Abbrechung der Zeilen so, wie man sie ausspricht, nur beobachtet

achtet man im Schreiben die Zuſammenſetzung beſſer, als im Ausſprechen; z. E.

Ha-ben, Wei-ne, Bä-der, Erb-recht, Ob-acht, her-aus, Donners-tag, ach-te, Am-pfer, hei-ßer, Tad-ler, lei-ſten, reif-ten, Rös-lein, laſ-ſen, ſto-ßen, köp-fen, ſe-gnen.

Anm. 1. In fremden Wörtern muß man ſich mehr nach der Ausſprache, als nach der Zuſammenſetzung richten, und es iſt alſo ganz wol erlaubt: E-vangelium, I-ſagoge, Pro-ſodie für Ev-angelium, Is-agoge, Pros-odie zu ſchreiben. Noch weniger braucht man aus einigen Lateiniſchen und Griechiſchen Sprachlehren die Regel zu entlehnen, oder ſich in Zertheilung frember Wörter darnach zu richten: Buchſtaben, die zuſammen ausgeſprochen werden können, müſſen, wofern die Zuſammenſetzung es nicht hindert, auch beim Zertheilen zuſammengelaſſen werden. Daher iſt es ſehr unnöthig, A-bdolonymus, Gelü-bde, Pro-gne, leu-gnen, Paphlagonien, Di-phthonge, trö-pfeln, Katechi-ſmus, We-ſpe zu ſchreiben.

Anm. 2. Weil ch, ph, ſch, ß, th und x wie einzelne Buchſtaben anzuſehen ſind, ſo müſſen ſie nothwendig ganz beiſammen bleiben, und zur folgenden Sylbe gezogen werden; z. E. ma-chen, Paphos, na-ſchen, gefrä-ßig, A-then, He-xe. Das ſt (aber nicht ſt) thut ihnen dieſes nach, wenn gleich der vorhergehende Vokal kurz iſt. Daher ſchreibt man Fa-ſten, Ko-ſten und nicht Faſ-ten, Koſ-ten, ob man gleich Erlöſ-te, gereiſte ꝛc. und nicht Erlö-ſte, gerei-ſte ſchreiben darf.

E 2 Wenn

Wenn st aus ßt oder sst entstanden ist, so muß es beim Zertheilen wieder in ßt verwandelt, und das ß zur vorigen Sylbe gezogen werden: z. E. er küß: te, nicht er kü s ste.

Von weissagen, Aufsatz, dasselbe siehe oben N. 30.

Das ck und tz zur folgenden Sylbe zu ziehen ist höchst: ungereimt.

Dien s stag ist besser getheilt, als Diens s tag.

Das dt wird beim Theilen nicht zusammengelassen, z. E. Städ s te, Schwerd s ter, Ernd s te, bered s ter, Verwand s te.

Es ist ein sehr wunderlicher Einfall, daß man keinen Buchstaben des Stammworts zu der angesetzten Endung ziehen dürfe. Gleichwol suchen einige die Erlernung der Deutschen Sprache dadurch zu erleichtern, daß sie beim Zertheilen Städt s e, Leib s es, Verricht s ung, fert s ig, klüg s er, lass s en, leb s end s ig u. s. w. schreiben.

Von der Trennung der Wörter.

52 Zwischen zwei verschiednen Wörtern muß alle: mal ein kleiner Raum bleiben. Z. E. bist du nicht bistdu.

Es werden aber häufig Wörter unrechtmäßiger Weise in Eins zusammengezogen, (z. E. bistu, hastu, zurzeit, trotzbieten), andere hingegen unrichtig getrennt (z. E. an statt, zu frieden, zu wege). Folgende schreibt man gerne zusammen: folgen: dergestalt, beiderseits, gleichnißweise, allezeit, einmal, zum erstenmal, der Hohepriester, der Geheimerath u. d. g. Getrennt läßt man lieber Acht geben, herzlich geliebt u. s. w. Eine Zeitlang schreibt man wol, aber eine kurze Zeit: lang darf man nicht schreiben.

Oft

Oft ist es ein großer Unterschied, ob man ein Wort getheilt oder zusammen schreibt. Z. E. *er wird wieder schelten* ist ganz etwas anders, als *er wird wiederschelten.* Vergl. N. 56.

Erster Anhang.
Von den im Schreiben gebräuchlichen Zeichen.

Die Zeichen lassen sich in Abtheilungs= Unter= **53** scheidungs = und Auslassungszeichen ein= theilen.

Diese Eintheilung ist nicht vollkommen bequem, allein sie ist doch von den meisten angenommen.

Von manchen dieser Zeichen braucht in der Grammatik weiter nichts gelehrt zu werden, als ihre Figur und ihre Namen. Den Gebrauch muß die Rhetorik oder Redekunst lehren.

Abtheilungszeichen sind 1) **Komma,** der Bei= **54** strich (, oder ,), 2) **Kolon,** die zwei Punkte (:), 3) **Semikolon,** der Strichpunkt (;), 4) **Punktum,** der Punkt (.), 5) das Zeichen des Paragraphen oder Absatzes (§).

Auch können hieher gerechnet werden 1) die Paginä oder Seitenzahlen und 2) die Zeichen der Buchdrucker unten in der Mitte der ersten Blät= ter eines jeden Bogens, welche man die Alpha= betzahl nennt.

Unterscheidungszeichen sind 1) das Anfüh= **55** rungszeichen oder die Gänseaugen, wie die Buchdrucker es nennen, (Signum citationis) ("), z. E. Er ruft einmal über das andere aus: „o Logik und alle Musen"! 2) Das Zertheilungs= zeichen der Sylben (= oder -), z. E. rei=zen

E 3 (vergl.

(vergl. N. 51). 3) Das Bindezeichen (Hyphen) in einigen zusammengesetzten Wörtern (-), z. E. Öl-Wassermühle. 4) Der Einschluß (Parenthesis), z. E. So ist auch (doch kaum brauchts der Frage) Piräus Ihnen wol bekannt? 5) Das Fragezeichen (?). 6) Das Ausrufungszeichen (!), z. E. Ihr Götter, rettet! Menschen, flieht!

Hieher gehören noch drei Zeichen, 1) der Accent, den einige über fremde Wörter, wo es nöthig ist, in Gestalt eines Komma, zu setzen pflegen. Z. E. er lebt sehr retiré. 2) Die Trennungspunkte (puncta diæreseos), die man über einen Vokal, der nicht mit dem vorigen in einen Diphthongen zusammengezogen werden soll, in Lateinischen und andern fremden Wörtern zu setzen pflegt, wofern man sie mit Lateinischen Buchstaben schreibt, z. E. Cacoëthes. Im Deutschen wären sie auch nöthig, allein sie sind nicht eingeführt. 3) Das Häkchen am C in Französischen und Spanischen Wörtern, z. E. Alençon, Xriça, Çaragoça (wofür man auch wol Saragossa schreibt). *)

Es wäre gut, wenn man zum Zertheilungszeichen den einzelnen geraden Querstrich (-), und zum Bindezeichen allein die beiden schiefen (-) brauchen wollte.

Der Einschluß wird auch oft mit Klammern gemacht [], besonders wenn man bei Anführung der Worte eines andern etwas in einem Einschlusse zu erinnern hat.

56. Das Bindezeichen wird von vielen ganz verworfen; es ist auch in der That in vielen Wörtern, z. E. Hof-Rath, Ober-Prediger, Schloß-Küster, Wittwen-Kasse, Armen-Direktorium, Kriegs-Konsistorium, Abend-Stunden, Geistes-Stärke, Friedrichs-Universität,

ſtät, Armen-Schule, Rath-Haus, Proviant-Amt,
Intelligenz-Weſen ꝛc. für Hofrath, Oberprediger u. ſ. w.
ganz unnöthig.

Man muß es aber dennoch beibehalten 1) in drei-
oder vierfach zuſammengeſetzten, wo eine unrichtige Ab-
theilung zu beſorgen wäre. Z. E Obergerichts-Advo-
kat, Oberkonſiſtorial-Rath. 2) Wenn man ein zuſam-
mengeſetztes Wort nur halb ſchreibt, und die andere
Hälfte bis zu dem letzten Zuſammengeſetzten verſpart, z. E.
**drei- und vierfach, Konſiſtorial- und Kirchen-
rath, Servis- und Nachtwachtkaſſe.**

Einige laſſen das Hyphen weg, und ſchreiben die Wörter nahe an einander, z. E. **HofRath.** Dieſe Erfin-
dung iſt nicht viel werth.

Auslaſſungszeichen ſind zwei, 1) der Apoſtro- 57
phus, der von einigen **Oberſtrich,** von andern
Hinterſtrich genannt wird (’), z. E. kaum hatt’
er ſich nach Sparta hinbegeben. **Hagedorn.** 2) Das
Zeichen einer abgebrochenen Rede oder Signum
Apoſiopeſeos (⁞⁞⁞), z. E. Ja du ſollſt ⁞⁞⁞ Hier
ſtarb der Hund.

Man könnte auch den ſeit noch nicht 20 Jahren
in Deutſchland eingeführten und von den Englän-
dern entlehnten Gedankenſtrich hieher rechnen, den
man ſolchen Worten vorſetzt, die einen außerordent-
lichen und unerwarteten Gedanken enthalten. Z. E.
Konſtruiren iſt nach einiger Meinung ſo viel, als —
deſtruiren. Es iſt aber der Gebrauch dieſer Ge-
dankenſtriche ſo eingeriſſen, daß er beinahe verächt-
lich geworden iſt, und daß man oft dabei auf den
Einfall gerathen muß:

Hier — hat der Autor nichts gedacht. — Hier —
braucht der Leſer nichts zu denken. —

Man ſollte den Apoſtroph billig nirgends zu-
laſſen, als in der Poeſie, ob es gleich ſeit eini-

ger Zeit eingeriſſen iſt, auch in Proſa zu ſchrei=
ben: ich dient' ihm gern, könnt' ich nur ꝛc.
Indeſſen muß er doch, ob ihn gleich einige auch
aus der Poeſie verbannen wollen, in einigen Fäl=
len beibehalten werden; nemlich 1) in den Plu=
ralen, z. E. Freund' und Brüder. 2) In den
Zeitwörtern, beſonders im Konjunktivus, z. E.
Ich ſterb' und laſſ' euch meinen Segen. Hätt' ich.
Hätt' ich. Würd' ich. Könnt' ich. 3) In denjeni=
gen Nenn= und Fürwörtern, die das e ſchon im
Nominativus haben, z. E. Lieb' und Treue, träg'
und langſam.

Wo man den Apoſtroph nicht anbringen dürfe, da=
von ſiehe die Proſodie.

Zweiter Anhang.
Von den Abkürzungen.

58 Abkürzungen der Wörter ſind im Deutſchen
ſowol erlaubt, als in andern Sprachen. Es
ſind dabei zwei Regeln in Acht zu nehmen: 1) Man
muß bis an den Vokal einer Sylbe ſchreiben,
aber den Vokal nicht mit in die Abkürzung brin=
gen. Z. E. nicht Frie. ſondern Fr. oder Fried. nicht
Ortho. oder Orthog. oder Orthogra. ſondern Or=
thogr. 2) Man muß kein unnöthiges l an die
Abkürzungen hängen, und z. E. nicht Preußl.
betrl. ſondern Preuß. betr. ſchreiben. Indeſ=
ſen duldet man das l noch an Hochedelgebl. Hl. u. d. g.
im Schreiben, aber nicht im Drucken. In Kaiſerl.
Königl. muß es bleiben, weil es zum Worte
ſelbſt gehört. Von den gewöhnlichſten Abkür=
zungen kann man folgende merken:

a. a.

a. a. O. am angeführten Orte. A. T. Altes Testament. N. T. Neues Testament. bel. belangend. betr, betreffend. D. Doktor. d. i. das ist. dergl. oder dgl. dergleichen. Fr. Frau. g. G. geliebt es Gott. h. heilig. Hr. Herr. Hn. Herrn. das h. R. R das heilige Römische Reich. i. J. im Jahr. J. N. J im Namen Jesu. kaif. oder kaiserl. kaiserlich. Kön. oder königl. königlich. M. Magister. Maj. Majestät. mögl. möglich. od. oder. Preuß. Preußisch. Prof. Professor. S. oder s. siehe. S. Sr. Seine. Seiner. sel. selig. u. und. u. a. m. und andere mehr. u. d. g. und dergleichen. u. f. f. und so ferner oder und so fort. u. f. m. und so mehr. u. f. w. und so weiter. der V. der Verfasser. V. A. Vom Anfang. vergl. vergleiche oder verglichen. V.R.W. von Rechts wegen. W.Z.E.W. welches zu erweisen war. z. B. z. E. zum Beispiel. zum Exempel. pp. im Schreiben und ꝛc. im Drucken wird für und so weiter gesetzt.

Dritter Anhang.

Ein Verzeichniß solcher Wörter, die oft unrichtig geschrieben werden und doch in den oben zu den Regeln gesetzten Beispielen nicht vorkommen, kann noch gemerkt werden. *)

Abblaten (einen Baum). abblatten. Abendtheuer. Ebentheuer. Abenteuer. Abscheid. Unterscheid. Abschied. Unterschied. ahnen. ahnden. Artikul. Regul u. d. g. Artikel. Regel ꝛc. Artollerie. Artillerie. Iß (im Goldgewicht). As. Athen. Odem. Othen. Athem. bähnen. bahnen. Bärsch. Barsch. Bärwolf. Wärwolf oder Warwolf. Biesem. Biesam. Böckelhering. Pickelhering. Böckelfleisch. Pöckelfleisch. Bressem. Brassen. bresthaft. preßhaft. Bulle (zu Wasser u. d. g.). Pulle. Calmei. Galmei.

E 5   Cane-

*) Die richtige Schreibart steht immer hinten, und ist mit andrer Schrift gedruckt.

Canefaß. Rannefaß. Copelle, (ein Probiergeschirr.) Kapelle. Corbatsche oder Corwatsche. Karbatsche. Cordowan. Korduan. Currente. Kurrende. Dokke, (ein Englischer Hund). Dogge Docke, (eine Puppe.) Tocke. Droschel oder Drostel. Droßel. Düte. Tüte. einfädmen. einfädeln. sich eräugen. sich ereignen. Farrenkraut. Farenkraut oder Farnkraut. fodern. fordern. füttern. futtern. Geheimberath. Geheimerath. Gelach. Gelag. Gelahrheit. Gelahrtheit. geduftig. geläufig. gerade. grade. Geschwär. Geschwür. gilblich. gelblich. Gleise. Geleise Geleiste. Gleis. Gran (auf den Packhöfen). Krahn. Hausblase. Hausenblase. Hofart. Hoffart. ingeheim. ingemein 2c. insgeheim. insgemein. Kahlmäuser. Kalmäuser. Krappe. Krubbe. Kriechente. Krickente oder Kriekente. Lackay. Lakkei. Lehm. Leimen. Leinwat. Leinwand. Litter. Letter. leichtglaubig. leichtgläubig. Mahn. Mohn. die Mangel. die Mange. Marggraf. Markgraf. Merde. Märte. Mondtag. Montag. Mülbe. Milbe. Nachtigal. Nachtigall Nasenhorn. Nasehorn. Neidnagel. Nietnagel. Nied (in einer Schere). Niet. Oberacht. Aberacht. Oberkeit. Obrigkeit. Östern. Austern. Oxoft. Oxhoft oder Ochshoofd. Paradeis. Paradies. Pfenning. Pfennig. pletten oder plätten. platten. Plüsch. Plüsch. Plumpe. Pumpe. Ragen. Rogen. Raiher oder Reiher. Reiger. Salvei. Salbei. Schemmel. Schemel. Schöpfe. Schöppe. Schrittschuh. Schlittschuh. Schüppe. Schippe. Seiger (der Klockenuhr). Zeiger. Stadthalter. Statthalter. Taft oder Taffet. Taffent. Tannhirsch. Dammhirsch. Taus. Daus. Thurn. Thurm. Tocht. Dacht. Trebern. Träber. Tümpel. Dümpfel. Urochs. Auerochse. Vehde. Fehde. vergeringern. verringern. Ziche. Zieche.

Drit-

Dritter Theil.

Die Etymologie oder Wortforschung.

Ein jedes Deutsches Wort hat entweder seinen Ursprung von keinem andern in dieser Sprache, und heißt ein **Stammwort** oder Primitivum; oder es kömmt von einem einzelnen Worte her und heißt ein Abgeleitetes oder Derivatum: oder endlich es ist dadurch entstanden, daß man zwei oder mehrere Wörter an einander gesetzt hat, und heißt ein Zusammengesetztes oder Compositum.

Anm. 1. Ein Derivativum kann wieder andere Derivata machen; z. E. Lügner ist von Lügen, und lügnerisch von Lügner. Auch ein Kompositum kann Derivata machen. Z. E. Zergliederung ist ein Derivatum von dem Zusammengesetzten zergliedern. Dergleichen ist auch Verstand von verstehen. Hingegen Bürgerstand ist ein Zusammengesetztes.

Anm. 2. Wenn an ein zusammengesetztes noch ein neues Wort von vorne angesetzt wird, so heißt es dann ein Dekompositum. Dergleichen sind auferstehen, Oberhofprediger. Hingegen können Einschiebessen, Obergerichtsrath, vorhergehen u. d. g. keine Dekomposita heißen.

Anm. 3. Wörter aus fremden Sprachen bleiben zuweilen so, wie sie waren, z. E. Evangelium; oder sie bekommen bloß eine Deutsche Endung, z. E.

Nase,

Naſe, traktiren; oder ſie ſind auch ſonſt noch verändert; z. E. Kloſter, Küſter. Wörter aus
fremden Sprachen werden nationaliſirt, oder erhalten das Bürgerrecht, ſobald ſie ſehr gewöhnlich
werden. Dergleichen ſind nicht allein Käſe, Butter, u. d. g. ſondern auch Genie, affektiren, Naivetät, raiſonniren u. a.

Wörter, die aus einem Deutſchen und einem fremden
noch nicht nationaliſirten Worte zuſammengeſetzt ſind,
heißen halbfremde Wörter oder voces hibridae.

Auf ungewiſſe Herleitungen und Zuſammenſetzungen
muß man ſich nicht einlaſſen, z. E. ob ſelig von Seele
komme, Abend aus ab und End zuſammengeſetzt
ſei u. ſ. w.

2 Wörter, die mehr als Eine Bedeutung leiden, heißen vieldeutige Wörter oder πολύσημα.
Dergleichen iſt Glied.

Ein Wort, das zweierlei gerade entgegengeſetzte Bedeutungen hat, heißt ein Vocabulum medium. Z. E.
Thaten heißen rühmliche und ſtrafbare Handlungen.

3 Wörter die nur in gewiſſen Gegenden gebräuchlich ſind, heißen Provinzialwörter *). Dergleichen ſind Döt für Taufpathe, Harke für Rechen,
Bärme für Hefen.

Man kann gewiſſe Sachen nicht anders als mit Pro-
vinzialwörtern benennen. Z. E. Rober, Tabel, Tra-
gekiepe, Karine. Ein Werk, worinn die Provinzialwörter gewiſſer Gegenden geſammelt ſind, heißt ein
Idioticon. Wörter, die nur vom gemeinen Volke gebraucht werden, nennt man pöbelhafte, z. E. Kar-
nüffeln.

4 Wörter, die nicht mehr im Gebrauch ſind, heißen
veraltete; z. E. afterreden, Heiland (für Erret-
ter),

---

*) Andre wollen ſie lieber Provinzwörter nennen.

ter), frommen (für nützen), traut (für lieb).
Hingegen heißen Wörter, welche bisher noch nicht
gebräuchlich gewesen sind, neugemachte oder aus
Verachtung neugebackene, z. E. empfindsam,
Genauigkeit, Thatsache, verhängnißvoll.

Ein Wort, von welchem man behauptet, daß es von
guten Deutschen gar nicht dürfe gebraucht werden, heißt
barbarisch *).

Zuweilen werden veraltete Wörter wiederhervorgesucht,
z. E. entsprechen.

Wörter, die nur in gewissen Handwerken, Ge- 5
werben, Ständen, Künsten und Wissenschaften vorkommen, oder doch in denselben eine eigene bestimmte Bedeutung haben, heißen Kunstwörter (ter-
mini technici).

Dergleichen sind Schweiß bei den Jägern, schwei-
ßen bei den Schmieden, studiren bei den Predigern,
abgezogne Begriffe bei den Weltweisen.

Wörter, die nur in der dichterischen Sprache 6
vorkommen, heißen poetische, z. E. durchglühen,
himmelwärts, goldgebißlenkend, mutherfüllt.

Oft sind veraltete Wörter zugleich poetisch, z. E.
staunen, Afterwelt.

Ein jedes Deutsches Wort gehört zu Einem 7
von den 9 Redetheilen **), welche sind 1) Ge-
schlechtwort oder Artikel, Articulus, 2) Nennwort, Nomen, 3) Fürwort, Pronomen,
4) Zeitwort, Verbum, 5) Mittelwort, Participium, 6) Nebenwort, Aduerbium, 7) Vorwort,

---

*) Es wird davon in des Verfassers dieser Sprachlehre
künftig herauszugebendem Versuch eines Deutschen
Antibarbarus gehandelt werden.
**) Lateinisch heißen sie Partes Orationis.

wort, Præpofitio, 8) Bindewort, Coniun-
ctio, 9) Zwiſchenwort, Interiectio.

8 Von dieſen 9 Redetheilen ſind die fünf erſten
beugſam (flexibiles), die vier letztern gröſtentheils
unbeugſam (inflexibiles.)

Beugen heiſt am Ende verändern; z. E. wenn man
aus ich liebe du liebeſt macht.

Es giebt 4 Arten der Beugung oder Flexion:

1. Dekliniren heiſt ein Wort durch Kaſus und Numeros verändern. Deklinirt werden die Geſchlechtswörter, Nennwörter, Fürwörter und Mittelwörter.

2. Moviren durch Genera oder Geſchlechter verändern, z. E. guter Wein, gute Milch, gutes
Bier; der Held, die Heldinn. Movirt werden
die Geſchlechtswörter, Nennwörter, Fürwörter und Mittelwörter.

3. Kompariren durch Gradus oder Stufen verändern, z. E. klein, kleiner, das kleinſte. Komparirt werden die adjektiven Nennwörter und viele
Mittelwörter und Nebenwörter.

4 Konjugiren durch Perſonen, Numeros, Modos
oder Arten und Tempora oder Zeiten verändern. Z. E. ich
liebe, du liebeſt, wir lieben, ich liebte, ich würde
lieben. Konjugirt werden allein die Zeitwörter.

Von den Geſchlechtswörtern.

9 Es giebt im Deutſchen zwei Geſchlechtswörter, das beſtimmte der, die, das und das Ge-
ſchlechtswort der Einheit, ein, eine, ein.

Die Deutſchen haben wie die Griechen 3 Geſchlechter, das männliche, das weibliche und das
ungewiſſe oder unbeſtimmte (maſculinum, femini-
num, neutrm); der und ein zeigen das erſte, die
und eine, das zweite, und das und ein das dritte an.

Nennwörter, die mehr als einen Artikel vor ſich leiden ſollten, oder ſogenannte Communia und Omnia
giebt

giebt es im Deutschen eigentlich nicht. Die Adiectiua
haben zwar alle drei Geschlechter, aber die Endung ist
nicht immer in denselben einerlei.

Weil die Geschlechtswörter deklinirt werden, 10
so ist zu merken, daß die Deutschen zwei Numeros oder Zahlen und vier Kasus oder Endungen haben. Die Numeri sind der Singular oder die einfache Zahl, wenn man von Einem redet, und der Plural oder die mehrere
Zahl, wenn man von mehr als Einem redet.
Die Kasus sind 1) Nominativus, die Nennendung, 2) Genitivus, die Zeugendung, 3) Dativus, die Gebendung, 4) Accusativus, die
Klagendung.

Die meisten thun noch den Vokativus oder die
Rufendung hinzu, der aber immer, wo er gebräuchlich ist, der Nennendung gleich lautet. Die Nehm-
endung, Ablativus, muß nothwendig im Deutschen
wegfallen.

Wörter, die nur einen Numerus haben, heißen De-
fectiua Numero, und unter diesen die, welche nur den
Singular haben, Singularia tantum, die nur den
Plural haben, Pluralia tantum.

Wörter, die am Ende nicht verändert werden, heiß-
en Endungslose, Indeclinablilia. Davon sind die
Defectiua Casibus, die nicht alle Kasus haben, sehr
wol zu unterscheiden.

Die Artikel werden so deklinirt: · 11

Sing. Männl.	N. der.	G. des.	D. dem.	A. den.
	ein.	eines.	einem.	einen.
Weibl.	die.	der.	der.	die.
	eine.	einer.	einer.	eine.
Ung.	das.	des.	dem.	das.
	ein.	eines.	einem.	ein.

Plur.

Plur. durch alle Geschlechter:
N. die.   G. der.   D. den.   A. die.

Das Geschlechtswort der Einheit hat keinen Plural.
Derer und denen für der und den ist gemeiniglich falsch.

12 Man kann oft eine Proposition mit dem darauf
folgenden bestimmten Geschlechtsworte zusammenziehen, und an, aufs, beim, durchs, fürs, hin-
term, im, ins, unterm, vom, vors, überm,
übers, zum, zur für an dem, auf das ꝛc. sagen.

Vorm für vor dem ist auch noch zur Noth erlaubt,
alle übrige Zusammenziehungen aber von dieser Art sind
unerlaubt, nemlich 1) alle mit dem Genitivus, z. E.
ans Hauses Dach. 2) Alle mit den, z. E. bein,
vorn, hintern, zun, und vornehmlich an und in
für an den und in den. Noch weniger darf man
zum für zu den gebrauchen, z. E. zum Süßen.
3) aufm, ausm, welche zu hart klingen. 4) ge-
gens, wiegers ꝛc.

Von den Nennwörtern.

13 Nennwörter sind solche Wörter, vor die
man einen Artikel setzen kann, und sobald man
einen Artikel vor einen Redetheil setzt, so wird
er zum Nennworte.

Die wenigen Fürwörter mit einem Artikel machen eine
Ausnahme.

14 Die Nennwörter sind entweder eigene Namen,
als Jesus, Jerusalem, oder gemeine Namen
(Appellativa), womit Geschlechter und Arten der
Dinge benannt werden, als Mann, Stadt.

Substantiva oder Hauptwörter sind solche Nennwörter, vor welchen nur ein oder höchstens zwei Artikel
statt finden, Adjektiva aber oder Beiwörter solche,
vor die man alle 3 Artikel setzen kann.

Ehe

Ehe man ein Nennwort defkniren will, muß 15 man nothwendig wissen, was für ein Genus es habe.

Ein gebotner Deutscher lernt das Geschlecht der Wörter am besten aus der Übung; doch kann er sich folgendes Verzeichniß bekannt machen:

Folgende Wörter haben eine verschiedene Bedeutung: der Band eines Buchs und eines Fasses, imgleichen wenn vom Bande überhaupt geredet wird (der rothe Band ist theuer), das Band, die Verbindung und die Fessel, der Bauer, das Bauer, der Bund, das Bund, der Erbe, das Erbe, der Gemahl (der Mann), die Gemahlinn (die Frau), das Gemahl (alt für der Gatte), der Hut, die Hut, der Mast, die Mast, der Mensch, das Mensch, der Reis, das Reis, der Schild (im Kriege), das Schild (zum Aushängen), der See (mitten im Lande), die See (das Meer), der Sprosse (nicht Sproß), die Sprosse, der Stift das Stift, der Theil (ein Stück vom Ganzen), das Theil (beim Erben ꝛc.), der Thor, das Thor u. a. m.

Indessen giebt es auch hier einige unnöthige Unterscheidungen, z. E. die Armuth und das Armuth, der Lohn und das Lohn, die Pracht und der Pracht, das Zeug und der Zeug.

Folgende haben besser der, als die: Bach, Buchstabe, Deichsel, Duft, Dunst, Geschwulst, Iltiß, Katheder, Meißel, Mund, Periode, Schooß, Schwulst, Wulst.

Zwischen der und die ist zweifelhaft Periode.

Für die Ahle, die Lade (vor dem Fenster), die Muffe, die Paragraphe, die Spike sagt man lieber der Ahl, der Laden, der Muff, der Paragraph, der Spik. Die Zinse heißt Interesse, der Zins Miethe, Grundzins u. d. g.

F   Besser

Beſſer der als das haben Altan, Altar, Balg (ein Schimpfwort), Huf, Kloß, Klotz, Leib, Lerm, Marder, Markt, Meſſing, Punkt, Scepter, Spieß, Stahl, Strauch, Zoll (im Meſſen).

Beſſer die als der haben Butter, Gegenpart, Gewalt, Luft, Pracht.

Für Accis, Grütz, Lachen, Metzen, Ratz, Ritz, Schlitz, Tax (ein Anſchlag), Weih (ein Vogel) mit dem Artikel der muß man Accise, Grütze, Lache, Metze, Ratze, Ritze, Schlitze, Taxe, Weihe mit dem Artikel die ſagen.

Vor Armbruſt, Neunauge, Singuhr, Streu, Trübſal muß nicht das, ſondern die ſtehen.

Für Balg (ein Waſchfaß), Eck, Juwel, Loh (der Gärber), Piſtol mit das muß man Balge, Ecke, Juwele, Lohe, Piſtole mit die gebrauchen.

Vor Almoſen, Bleiſtift, Datum, Gehalt, Gift, Gummi, Heft, Macherlohn, Weberlohn ꝛc., Pult, Reh, Rhinoceros, Tau, Vogelbauer muß nicht der ſondern das ſtehen.

Vor A, B ꝛc. Ärgerniß, Fräulein, Gefängniß, Gleichniß, Mandel (funfzehn, Revier, Urtheil muß nicht die, ſondern das ſtehen. Die Wörter auf niß haben meiſtens die vor ſich, außer Begräbniß, Gedächtniß, Hinderniß, Verhängniß, Zeugniß und einige andere, welche beſſer das haben.

16   Außer den jetzt beiläufig angeführten Wörtern, denen man nebſt einer unrichtigen Endung auch oft ein unrichtiges Geſchlecht zu geben pflegt, ſind noch folgende zu bemerken, denen viele zwar kein unrichtiges Genus, aber doch eine unrichtige Endung geben:

Das e am Ende muß weggelaſſen werden 1) in allen männlichen Wörtern in at, ent, et, iſt ꝛc., welche Perſonen bedeuten, z. E. Renegate, Studente, Pro-

Prophete, Christe (vergl. N. 33.), imgleichen in
Fürste, Grafe, Herre, Narre, Staroste.
2) In Bahne, Banke, Forme, Gewähre, Na-
te, Stirne. 3) In den meisten Ungewissen, die
mit Ge anfangen, z. E. Geschlechte, Geschicke,
Gerüste, Geleite, Gemüthe, Gesichte, Ange-
sichte, imgleichen in Herze.

Hingegen muß das e nicht weggeworfen werden 1) in
den Namen der Völker, z. E. der Franzose, der
Grieche, der Scythe und in vielen andern männlichen, als Bote, Bube, Bulle, Drache, Glaube,
Götze, Hase, Heide, Knabe, Luffe, Ochse,
Rabe, Rappe, Schöppe, Schütze ꝛc. Auch ist
Buchstabe besser als Buchstab. 2) In Aue, Bahre, Klaue, Waare 3) In den mit Ge anfangen-
den Ungewissen, die sich auf zwei Konsonanten, wovon
der erste ein flüssiger ist, oder auch auf einen weichen
Buchstaben enden würden, wenn man das e wegließe,
z. E. Gedränge, Gemählde, Gemenge, Ge-
pränge, Gesinde, Gestade, Getreide, Gewer-
be, imgleichen in Geläute, Gelübde. Gewürm
ist gebräuchlicher als Gewürme.

Manche haben besser die Endung er, als e. Z. E.
Bubler, Pfarrer.

Die Endung e ist besser, als en, in Friede, Ge-
danke, Glaube, Name, Same. In Brunnen,
Namen, Reisen u. a. fällt en besser ganz weg, in
Hamen, Nutzen u. a. wird es behalten. Funken
und Tropfen müssen das n nicht verlieren.

Für die Nichtel sagt man besser die Nichte.

Singularia tantum sind: 17

1) Di Namen der Tugenden und Laster, z. E. Gut-
thätigkeit, Unbarmherzigkeit, Trunkenheit,
Nüchternheit, oder sie müssen einzelne Handlungen
bedeuten, z. E. die Unbarmherzigkeiten. 2) Die
Namen der menschlichen Alter, z. E. Jugend. 3) Die
Namen verschiedener natürlichen und künstlichen Dinge,

z. E.

z. E. Hagel, Schnee, Regen, Kümmel, Leinwand, Heu, Obst, Senf, ob man gleich im Fall
der Noth auch diese eben so gut in der mehrern Zahl gebrauchen kann, als Gräser, Reise, Flachse, Kamm-
lotte ꝛc. 4) Manche Kollektiva, d. i. die im Singular eine Vielheit bedeuten, z. E. das Geflügel.
5) Folgende einzelne Wörter: Abbruch, Adel, An-
kunft, Zurückkunft, Argwohn, Bräutigam,
Bund, Burg, Glanz, Kram, Mund, Nachdruck, Pilgrim *), Pöbel, Pracht, Puß,
Schmach, Schmuck, Schwulst, Stärke, Strand,
Tadel, Trost, Trug, Vernunft, Verstand,
Wahn, Wiß, Zank, Zwang, die zum Theil den
Plural von andern entlehnen, z. E. Bündnisse, Mäu-
ler, Pilger, Zänkereien. 6) Die meisten zu Nennwörtern gewordenen Infinitive, z. E. das Spüren.

Einige Wörter haben nur in einer gewissen Bedeutung
keinen Plural, z. E. Land, wenn es der See entge-
gengesetzt ist.

Einige Plurale veralten nach und nach, z. E. die
Wasser, wofür man jetzt die Gewässer sagen würde.

18 Pluralia tantum sind:

Ahnen, Alpen, Eltern, Graupen, Hefen,
Hosen, Kosten (nicht Unk sten), Kriegesläufte,
Zeitläufte, Leute, Nachkommen, Schlossen,
Schranken, Sporteln, Träber (nicht Träbern),
imgleichen nach einiger Meinung Ostern, Pfingsten,
Weihnachten.

19 Unter den Nennwörtern muß man erstlich die
Hauptwörter, und hernach die Beiwörter dekliniren lernen. Die Hauptwörter gehören entweder

---

*) Man sagte vordem zuweilen die Pilgrim im
Plural. übrigens brauchen Bräutigam und Pilgrim eben deswegen, weil sie nicht wachsen, kein doppeltes m. Im Sprechen sagt man zuweilen die Bräutigams, die Pilgrims.

weder zur regelmäßigen oder zur unregelmäßigen Deklination.

Von der regelmäßigen Deklination der Hauptwörter.

Ein Hauptwort wird entweder mit oder ohne 20 Artikel deklinirt.

Die Endung des Artikels braucht hier nur beim Nominativus angezeigt zu werden. Nicht alle Substantiva lassen sich zugleich mit und ohne Artikel dekliniren.

Vom Plural braucht in der Deutschen Deklina- 21 tion nur der Nominativus hingesetzt zu werden, Denn wenn sich derselbe auf n endigt, so sind alle Kasus des Plurals gleich. Endigt er sich aber auf e oder r, so wird im Dativus noch ein n hinzugesetzt. Die Kasus des vorzusetzenden Artikels sind bereits angezeigt.

Man merke folgende 9 Deutsche Wörter, de- 22 nen die übrigen ordentlichen in der Deklination ähnlich sind. Die drei ersten sind weiblich, und im Singular unveränderlich, die folgenden sechs männlich oder ungewiß. Die ungewissen haben den Akkusativus dem Nominativus gleich.

1. S. Die Magd. P. Die Mägde.
2. S. Die Welle. P. Die Wellen. Die Ader, die Adern. Die Frau, die Frauen.
3. S. Die Mutter. Plur. Die Mütter.
4. S. Der Nebel. P. Die Nebel
5. S.N. Der Reiz. G. Reizes. D. Reize, A. Reiz. P. Reize.
6. S.N. Das Licht. G. Lichtes. D. Lichte, A. Licht. P. Lichter.
7. S.N. Der Knabe. G. Knaben. D. Knaben. A. Knaben. P. Knaben.

8. S. N. Der Name. G. Namens. D. Namen.
A. Namen P. Namen.

9. S. N. Das Auge. G. Auges. D. Auge. A. Auge.
P. Augen Oder: S. N. Der Dorn. G. Dor-
nes. D. Dorne A. Dorn. P. Dornen.

Anmerkungen.

1. Welle und Frau nebst vielen darnach gehenden Wörtern hatten bei den Alten in der zweiten und dritten Endung en. Der Wellen, der Frauen. Wir behalten dies in auf Erden, und in unsrer lieben Frauen.

2. Bei den männlichen und ungewissen Wörtern muß man sowol den Plural, als den Genitivus des Singulars vorher wissen, ehe man sie dekliniren kann.

3. Dem Dativus kann und muß sein e oft genommen werden, man thut es aber besonders nach weichen Buchstaben nicht gerne, außer wenn in der Poesie ein Vokal folgt. Gotte ohne Artikel ist falsch.

4 Das e des Genitivus kann und muß auch oft wegfallen, wenn die Aussprache nur nicht zu hart wird, wie in Tischs. Nach harten und flüssigen Mitlautern wird es am häufigsten ausgelassen.

23 Es giebt Wörter die unterschiedene Plurale haben, und also nach mehr als einer von obigen 9 Formen gehen. Allein die meisten solcher Plurale sind auch in der Bedeutung unterschieden, z. E. Lichter und Lichte, Banden und Bänder, Wörter und Worte, Dinger und Dinge, Zolle und Zölle.

24 Eine der größten Schwierigkeiten bei der Bildung des Plurals ist, daß sich von der Verwandlung des a, au, o und u in ä, äu, ö und ü keine gewisse Regeln geben lassen. Man merke besonders folgende Wörter.

A ist besser als Ä in Anger, Arme, Faden, Kragen, Magen, Tage; hingegen ist ä besser als a in Gär-

Gårten, Håmmel, Låden, Nåbel, Pokåle, Wågen.

O ist besser als ö in Bogen, hingegen ö besser in Böden, Flöre.

Hufe von Huf ist besser als Hüfe.

Wegen der Endungen des Plurals ist ²⁵ zu merken:

1. Pilze, Principale, Sinne, Staare haben besser e als en.

2. Komplimenten, Monden, Quasten, Schwanen, Spornen sind besser als Komplimente, Monde, Quåste, Schwåne rc. Die Alten sagten noch die Kråften u. d. g.

3. Dornen, Flecken, Hemden, Jesuiten sind besser als Dörner, Flecker rc.

4. Fåsser, Lånder, Måler, Råder, Rathmånner, Stråucher, Wåmmser, Würmer sind besser, als Fasse, Lande, Male, Rade, Rathmanne, Stråuche, Wammse, Würme.

5. Flosse, (Floßhölzer), Halme, Klöße (von der Kloß), Klötze, Kreuze, Pflöcke, Stråuße (von Blumen) sind besser als Flösser, Hålmer, Klößer rc

6. Splitter, Barbaren, Bauern (auf dem Dorfe) und Tartarn sind besser als Splittern, Barbarn, Bauer und Tartaren.

7. Kein weibliches hat er im Plural. Also ist die Spreuer unrecht.

8. Bürgermeistere, Brüdere u. d. g. für Bürgermeister, Brüder rc. sind veraltet.

Wegen des Genitivus im Singular sind ²⁶ wenig Zweifel.

Båren, Buchstaben, Falken, Fürsten, Grafen, Herren, Knaben, Menschen sind besser, als Bårens rc. und Schmerzes besser als Schmerzens.

Von

Von der unregelmäßigen Deklination der substantiven Nennwörter.

27　Man giebt einigen fremden Wörtern im Plural ein s, z. E. Ambassadeurs, Konsuls, Paters, doch kann man dieses in den meisten Fällen vermeiden und z. E. Cicerone, Grenadiere, Minister, Officiere ꝛc. für Ciceros, Grenadiers, Ministers, Officiers sagen. In Deutschen Wörtern muß man dies noch weniger thun, z. E. Damens, Degens, Fräuleins, Jungens, Mädchens. Doch sagt man oft die Mamsells, imgleichen Schulzens, d. i. der Herr und die Frau Schulzen, von Münzmeisters, d. i von der Familie des Münzmeisters ꝛc. Dergleichen Plurale in s sind indeklinabel.

28　Eigene Namen werden auf mancherlei Art behandelt, z. E.
1) Gottfried. Gottfrieds. Gottfrieden. Gottfrieden. Plur. die Gottfriede. 2) Luther. Luthers. Luthern. Luthern. Plur. die Luthers. 3) Ernst. Ernstens. Ernsten. Ernsten. Plur. die Ernste. 5) Athen. Athens. Athen. Athen. 5) Cicero. des Cicero oder Ciceros (ohne des.) dem Cicero. den Cicero. die Cicerone. 6) Voßius. des Voßius. dem Voßius. den Voßius. die Voße (nicht Voßiusse). 7) Preußen. Preußens. Preußen. Preußen. 8) Paris. von Paris. Paris. Paris. 9) Philippine. Philippinens. Philippinen. Philippinen. 10) Doris. der Doris. der Doris. die Doris oder Doris (ohne die). u. d. g. m.

29　Es ist sehr unnöthig, fremde Wörter beständig nach fremder Art zu dekliniren und z. E. zu sagen, der Reichthum Kröst; allein ganz und gar läßt sich das Dekliniren fremder Wörter nicht vermeiden, besonders im Plural, wo man z. E. nicht sagen kann der Pronomina, den Adjektiva, in die Therma, sondern sie entweder mit Deutschen Ausdrücken vertauschen, oder ihnen entweder die ordentliche Lateinische oder eine Deutsche

sche Endung geben muß. Des Evangelii u. d. g. oder auch allenfalls des Evangeliums ist besser, als des Evangelium, wie einige sagen wollen.

Der Genitivus wird oft aus Noth selbst in Deutschen 30 Wörtern mit von gemacht, z. E. der König von Preußen, die Hülse von Weizenkörnern. Siehe davon den Syntax.

Es giebt im Deutschen auch einige Nennwörter, die 31 nicht alle Kasus haben (Defectiua Casibus. S. N. 10.). Dergleichen sind Ängsten und Nöthen, wovon im Plural nur die dritte Endung gebräuchlich ist.

Von der Motion der Hauptwörter.

Die Verwandlung eines männlichen Haupt- 32 worts in ein weibliches geschieht gemeiniglich durch Hinzusetzung der Endung inn (nicht in), wobei die reinen Vokale vor der Einsylbe oft in unreine verwandelt werden. Z. E. Held, Heldinn, Mann, Männinn, Zuschauer, Zuschauerinn.

Die eigenen Namen verwandeln die reinen Vokale nicht. Man sagt z. E. die Wolfinn. Bei Vorsetzung des Wortes Frau wird inn häufig in en oder n verwandelt, z. E. Frau Wolfen, Frau Müllern. Nach dem Worte Madame läßt man die Endung inn, en oder n lieber ganz weg; allein es ist nicht nöthig, mit Frau es nachzuthun, außer bei adlichen Familien. Z. E. die Frau von Ziegler.

Folgende verwandeln den reinen Vokal nicht: Herzog, Mohr, Russe, Schotte.

Folgende weichen von der Regel ab: Abt, Äbtissinn (vorhem Abbatissinn), Baron, Baronessinn. Bauer, Bäurinn (nicht Bäuerinn). Prinz, Prinzessinn. In Zauberinn ist das letzte er von Zauberer weggefallen; es geht aber bei ähnlichen Wörtern nicht wol an, z. E. Wucherer, Wucherinn.

Herr,

Herr, Frau. Vetter, Muhme. Hahn, Henne u. d. g., welche die Endung inn nicht haben, können aus dem Gebrauch leicht gemerket werden.

Es giebt auch einige männliche Wörter, die aus weiblichen gemacht sind, z. E. Bräutigam, Gänserich, Täuber von Brant, Gans, Taube.

Man muß Acht geben, ob der gute Gebrauch eine Motion rechtfertige oder nicht. Z. E. man sagt von Hund die Hündinn, aber Dächsinn und Füchsinn sind nicht gut.

Von den vornehmsten Endungen der Hauptwörter. *)

33. Diese sind:

al. Kardinal. Kardinalshut.

aner. Sekundaner, Socinianer. Kartesianerwitz.

ant (nicht ante). Kommunikant, Lieutenant. Komödiantenstube. Lieutenantsrang.

anz. Dissonanz. Vakanzpredigten.

ast. (nicht aste). Enthusiast. Phantastenmine.

ät. Probabilität. Universitätsprofessor.

e. Buße, Woche. Bußtag, Wochentag.

ei Abtei, Tändelei, Sakristeifenster. Manche haben jetzt lieber ie, die vordem ei hatten, z. E. Melodei.

el. Flügel, Nadel. Flügelbein, Nadelöhr.

en. Laden, Rücken, Schlitten. Ladenhüter, Rückenschmerzen.

chen nicht gen). Diese sind sogenannte Verkleinerungswörter oder Deminutiva. Die reinen Vokale werden gemeiniglich in unreine verwandelt, z. E. Äffchen, Mädchen (vom alten Mad). Mädchensmütze.

ent (nicht ente). Präsident, Sakrament, Stubentenwohnung, Sakramentsverächter.

enz.

*) Wobei zugleich angezeigt ist, wie dergleichen Endungen sich in der Zusammensetzung verhalten.

enz. Excellenz. Audienzzimmer.

er. Donner, Mahler, Meister, Schweizer. Donnerwagen, Mahlerkunst, Schweizerlieder.

äer. Pharisäer. Pharisäermine.

et (nicht ete). Poet. Poetensteig.

heit. Dummheit. Schalkheit. Klugheitsregel.

ie. Poesie. Geometrieverständiger.

ier (einsylbig). Musketier, Officier. Officierkleid. Manche von diesen Wörtern in ier werden von einigen unrichtig noch mit der Sylbe er vermehret, indem sie Musketierer, Officierer ꝛc. schreiben. Vergleiche irer.

ier (zweisylbig). Thracier.

ik. Physik, Pnevmatik. Musikmeister.

iner. Kapuziner. Benediktinerorden.

inn. S. N. 32.

irer (nicht irer). ist richtig in Hausirer, Sektirer, Visirer, Visitirer. Es läßt sich auch in Barbirer und Tapezirer entschuldigen, aber nicht rechtfertigen.

ist (nicht iste). Atheist, Bassist, Bengelist, Evangelist, Harfenist. Evangelistenrolle.

it (nicht ite). Eremit, Minorit. Hussitenkrieg, Jesuiterkollegium.

iv. Kreditiv, Vomitiv. Präservativkur.

iz. Miliz. Justizrath.

keit. Artigkeit, Lieblosigkeit. Blödigkeitsfehler.

lein. Eine Endung der Verkleinerungswörter, die aber jetzt außer dem Worte Fräulein (welches aber dann nicht im verkleinernden Verstande genommen wird) ungebräuchlich und beinahe lächerlich geworden ist. Sie muß nicht in el verändert werden, z. E. Kindel, Liedel, Mädel.

ling. Liebling, Säugling, Zwilling. Lieblingswort.

niß (nicht nüß). Befugniß, Betrübniß, Erlaubniß, (nicht Betrübniß, Erlaubniß). Verhängnißvoll, Gleichnißrede.

on. Religion. Religionsverwandte.

ot. Patriot, Zelot, Patriotenmuth.

sal. Drangsal, Trübsal, Schicksalsschluß.

sel, welches aus sal entstanden ist. Einschiebsel. Räthsel hat man in Räzel verwandelt, wovon Räzelbuch.

schaft. Freundschaft, Ritterschaft, Verwandschaft. Freundschaftsdienst.

thum. Alterthum, Christenthum, Eigenthumsherr.

ung. Losung, Mündung, Vergeltung. Krönungstag.

Von den Beiwörtern oder adjektiven Nennwörtern.

34 Beinahe ein jedes Adjektivum kömmt auf dreierlei Art vor:

1. in der Adverbialform: groß, klein.

2. mit dem bestimmten Artikel: der große, die große, das große.

3 mit dem Artikel der Einheit: ein großer, eine große, ein großes.

35 Bei der Adverbialform muß man die vornehmsten Endungen der Adjektive merken: *)

bar. fruchtbar, strafbar, theilbar. Ehrbarkeit, offenbaren.

haft. herzhaft, standhaft. Schamhaftigkeit (eigentlich von schamhaftig, welches nebst den übrigen in haftig, leibhaftig und wahrhaftig ausgenommen, aus der Mode gekommen ist.)

ig. freudig, mitleidig, erbötig, gehörig, fertig, ledig, selig, völlig. Gütigkeit, Beständigkeit, verfertigen, entledigen, bekräftigen, erniedrigen, nöthigen, würdigen.

lich.

*) Wobei zugleich die Art, Derivata davon zu machen, gezeigt wird.

lich. ehelich, herrlich, gefährlich, mündlich, bläulich,
süßlich, erbärmlich, veränderlich, lieblich. Adelichen,
ehelichen, verherrlichen, Ehrlichkeit, Redlichkeit.

icht (nicht igt, und noch weniger ig oder ich).
bergicht. thöricht.

isch. bäurisch, Dänisch, launisch, malerisch, zäntisch. Die sich auf änisch enden, werden von einigen
verworfen, die daher für Sicilianisch lieber Sicilisch, und so auch Mälthisch, Neaplisch, imgleichen Italisch sagen wollen.

Auch giebt es sehr viel zusammengesetzte Adjektiva, die sich auf los, reich und voll enden. Von
denen in los kommen viele Substantiva in losigkeit.

Das e am Ende der Adverbialform wird von einigen
gänzlich verworfen, man kann es aber in denjenigen,
welche sich sonst auf einen weichen Buchstaben oder auf
s enden würden, nicht allzuwol entbehren. Man
schreibt also lieber blöde, böse, fremde, geringe,
träge als blöd, bös, fremd, gering, träg.
Lang, jung machen eine Ausnahme. Die von solchen Adjektivis mit und ohne e herkommenden Substantiva in keit nehmen vorher ein ig an, z. E. Blödigkeit, Sprödigkeit. Man hat aber auch viele auf
heit, z. E. Bosheit, Trägheit; und von manchen
gar beide Endungen, z. E. Feinheit und Feinigkeit.
Die Participia in et verlieren ihr e sobald sie Adjektiva
werden, z. E. aufgeweckt, vergnügt.

Folgende Adjektiva sind ohne Artikel und Haupt- 36
wort (d. i. in der Adverbialform) nicht gebräuchlich.

Der baldige, besondere, dasige, dortige, ehemalige,
gestrige, heurige, heutige, hiesige, jetzige, nachmalige,
numehrige, vorige, vormalige: imgleichen der etwanige und der zeitige, welche aber nebst andern dergleichen nicht die besten Wörter sind.

Die

37 Die Adjektiva werden mit den Artikeln so deklinirt:

Sing.

N. der. die. das große. ein großer. eine große. ein großes.

G. des der. des großen. eines einer. eines großen.

D. dem. der. dem großen. einem. einer. einem großen.

A. den großen. die. das große. einen großen. eine große. ein großes.

Plur.

N. die. G. der. D. den. A. die großen.

Die große im Nominativus und Akkusativus ist ganz falsch.

38 Ohne Artikel geschieht die Deklination also:

Sing.

N. großer Rocken. große Gerste. großes Korn.

G. großes Rockens. großer Gerste. großes Korns.

(großen Rockens). (großen Korns).

D. großem Rocken. großer Gerste. großem Korne.

A. großen Rocken. große Gerste. großes Korn.

Plur.

N. große Haufen. G. großer Haufen.

D. großen Haufen. A. große Haufen.

Das Neutrum kann in gewissen Fällen, die der Syntax bestimmen muß, im Nominativus und Akkusativus sein es verlieren (groß Korn); allein im Maskulino geht die Wegwerfung der Endsylbe nicht an, z. E. groß Fried. Uebrigens muß von dieser Art der Deklination auch der sogenannte Vokativus genommen werden, z. E. großer Mann, große Seele, großes Muster.

39 Mit Fürwörtern werden die Adjektiva so gebogen:

N. mein lieber Bruder. G. meines lieben Bruders.

D. meinem lieben Bruder. A. meinen lieben Bruder.

N. meine

N. meine lieben Brüder *). G. meiner lieben Brüder.
D. meinen lieben Brüdern. A. meine lieben Brüder.
N. meine liebe Schwester. G. meiner lieben Schwester.
D. meiner lieben Schwester. A. meine liebe Schwester.
N. mein liebes Kind. G. meines lieben Kindes.
D. meinem lieben Kinde. A. mein liebes Kind.

Plur. wie im Maskulino.

Hiernach gehen unser, euer, dein, sein, ihr lieber Bruder, unsre, eure, deine, seine, ihre liebe Tochter, unser, euer ꝛc. liebes Kind ꝛc. **).

Sing.

dieser gute Mann.   dieses guten Mannes.
diesem guten Manne. diesen guten Mann.

Pl. diese guten ***) Männer, geht wie meine lieben Brüder.

diese gute Frau geht wie meine liebe Schwester.

Sing.

dieses gute Kind.   dieses guten Kindes.
diesem guten Kinde. dieses gute Kind

Der Plural geht nach meine lieben Brüder.

Hiernach gehen alle mit aller, einiger, jeder, mancher, vieler ****).

Wenn das Substantivum wegfällt, so muß das Adjektivum nach dem Pronomine oder den hier genann

nann

*) Andre nehmen dem Adjektivo nach einem Pronomine das n im Nominativus und Akkusativus des Plurals. Beides hat das Ansehen guter Schriftsteller für sich, doch ist das n gebräuchlicher.

**) Kein großer Mann ꝛc. geht auch nach diesem Muster, nur ist hier die Wegwerfung des n im Plural noch zweifelhafter.

***) Auch hier sagen viele diese gute Männer, das andere aber ist gewöhnlicher.

****) Außer daß in diesen die Wegwerfung des n im Plural beynahe gewöhnlicher ist: alle große Männer, einige französische Schriftsteller, manche unnöthige Zweifel.

nannten Adjektivis das n nothwendig haben, z. E.
meine lieben, alle übrigen, keine fremden, und
wenn vor einiger und jeder ein gesetzt wird, so
geht das folgende Adjektivum eben so, als wenn
mein vorherginge, z. E. ein einiger lieber Sohn,
ein jeder rechtschaffener Mensch.

40 Wenn zwei Adjektiva ohne Artikel vor einem
Substantivo stehen, so gehen sie so:

schöner rother Wein.	schönes rothen Weins.
schönem rothem Weine.	schönen rothen Wein.
schöne rothe Weine.	schöner rothen Weine.
schönen rothen Weinen.	schöne rothe Weine.

N. A. schöne weiße Milch. G. D. schöner weißen Milch.
N. schönes grünes Grases. G. schönes grünen Grases.
D. schönem grünen Grase. A schönes grünes Gras.
und so auch mit dem Artikel der Einheit, außer
im Genitivo, wo ein n ist.

Ist aber und zwischen zwei solchen Adjektivis ausgelassen, so gehen die mit ein nach N. 37. und die ohne Artikel nach N. 38. heiligesgerechtesEifers oder heiligen gerechten Eifers und eines heiligen gerechten Eifers ꝛc.

41 Da viele Adjektiva zu Substantibis werden, so
ist zu merken, daß sie alsdenn gemeiniglich ihre
gewöhnliche Endung behalten. Z. E.

der Weise. des Weisen. dem Weisen. den Weisen.
die Weisen. der Weisen. den Weisen. die Weisen.
ein Weiser. eines Weisen. einem Weisen. einen Weisen.
Weise. Weiser. Weisen. Weise.
das Gute. des Guten. dem Guten. das Gute.
der Plural fehlt.

Die Weiblichen behalten die Endung der Adjektiven
nicht gerne, z. E.
die (eine) Liebste. der Liebste. der Liebste. die Liebste.
Plur. Liebsten und die Liebsten ꝛc.
Darnach geht Geliebte, Schönen, Weste, Wüste.

Die

Die Neutra mit ein sind behutsam zu gebrauchen, denn man sagt z. E. nicht gern das ist ein Großes, ein Vieles, ob man gleich ein Langes und Breites, ein Übriges u. a. hingehen läst. Uber ein Kleines ist jetzt auch nicht mehr erlaubt.

Einige Adjektiva haben nur die Adverbialform, 42 dergleichen sind: der Wagen ist zu, der Finger ist entzwei oder wund, er ist mir gram zc.

Von der Komparation der Beiwörter.

Es sind drei Gradus oder Stufen der Ver- 43 gleichung. Der erste, welcher das Beiwort selbst ist, heist der Positivus, der zweite Komparativus, der dritte Superlativus.

Wenn man an den Positivus, wie er mit dem bestimmten Artikel gebräuchlich ist, ein re setzt, so entsteht der Komparativus, und wenn man für re ste setzt, der Superlativus, z. E. der gelehrte, der gelehrtere, der gelehrteste.

Der Komparativus kann gemeiniglich auch in der Adverbialform erscheinen, z. E. sie ist gerechter, als ich. Der Superlativus aber ersetzt die Adverbialform durch höchst, vollkommen u. d. g. z. E. Gott ist der heiligste oder höchst heilig, oder durch am, z. E. am heiligsten.

Der Komparativus kann auch den Artikel der Einheit vor sich haben, muß aber alsdenn noch ein r annehmen, z. E. ein grösserer.

Das e des Komparativus kann man nach Belieben weglassen, wenn nur der Ton nicht zu hart wird. Z. E. beßre, größre, aber nicht reinre.

Das e des Superlativus vor dem st muß nothwendig behalten werden 1) in den meisten einsylbigen, z. E. frischeste, sanfteste, wertheste, außer in vielen, die einen unreinen Vokal haben oder bekommen, z. E.

G   dünn-

dünnste, jüngste, längste, imgleichen in dickste, engste, kühlste, trägste. 2) In allen, die sich im Positivus auf te enden, wovor ein e oder ein Mitlauter stehet, wiewol die auf ete überhaupt in der Komparation etwas hart klingen; z. E. der gegründeteste (nicht gegründteste, gegründetste oder gar gegründeste), beredteste, berühmteste, lebhafteste.

Hingegen vernachlässigen das e im Superlativo 1) alle in ig, lich und die mehrsylbigen in isch, wiewol die letztern etwas hart klingen; z. E. der gnädigste (nicht gnädigeste), herrlichste (nicht herrlicheste), bäurischste. 2) Alle in ach, bar und sam. 3) Alle in em, en und er, z E. bequemste, vollkommenste, bitterste.

Folgende Positive verändern bei der Komparation das a, o und u in ä, ö und ü: alt, arm, dumm, grob, hart, jung, kalt, klug, krank, krumm, kurz, lang, roth, scharf, schwach, stumpf; folgende hingegen nicht: blaß, bunt, gesund, glatt, karg, naß, plump, satt, stolz, stumpf, toll, voll ꝛc.

Folgende werden unregelmäßig komparirt: der böse, der bösere und ärgere *), der böseste und ärgste, der gute, der bessere (nicht bässere, ob es gleich vom alten baß kömmt), der beste. Der hohe (in der Adverbialform hoch), der höhere, der höchste. Der nahe, der nähere, der nächste. Viel wird im Singular nur in der Adverbialform (viel, mehr, am meisten), und im Plural so komparirt, viele, mehrere und die mehrern, die meisten oder die mehresten. Von der große machen einige ordentlich der größere, der größeste; aber es heißt besser der grössere, der grösseste oder der größte.

Folgende haben keinen Positivus: der äußere, der äußerste. Der hintere, der hinterste. Der innere, der innerste. Der vordere, der vorderste. Der untere, der unterste.

Der niedere hat keinen Positivus und Superlativus;

*) Welches eigentlich von ärg ist.

vus; der letzte und der erste, wozu man noch das
mindeste setzen kann, keinen Positivus und Komparativus.

Einige Adjektiva werden gar nicht komparirt, nemlich
die, bei welchen keine Vergrösserung statt findet, z. E.
all, bleiern, halb ꝛc; auch müssen die Wörter, welche im Positivus vorne höchst oder ein anders vergrös-
serndes Wort haben, dasselbe bei der Komparation wieder
verlieren. Z. E. höchstbeglückt, grundböse, erz-
dumm, bettelarm, blutwenig, eiskalt, pech-
schwarz, ungemein groß, außerordentlich
schlecht u. d. g. m. haben nur beglückter, böser ꝛc.
nicht höchstbeglückter, grundböser. Allein dafür
giebt es wieder andere Wörter, die man vor den Komparativus setzen kann, nemlich viel, weit, ein wenig,
noch, ungleich. Der Superlativus nimmt oft
den Vorsatz aller an, z. E. der allergröste. Übrigens sagt man noch uralt und der uralteste, urplötz-
lich und der urplötzlichste. Großmächtigster
und hochgeehrtester sind nur in der Titulatur gebräuchlich.

Die Participia machen den Komparativus sehr bequem mit viel mehr, besser u. d. g. und den Superlativus mit am meisten, am stärksten, am besten
ꝛc. z. E. ein besser unterstütztes Dach, die am
meisten beschädigten Häuser.

Die verringernde Komparation mit weniger und
am wenigsten scheint dem Genie der Deutschen Sprache nicht recht gemäß zu sein. Man sagt daher z. E.
für ein weniger höflicher Mann, der am wenigsten reichste lieber ein unhöflicherer, der
ärmste, oder auch nicht so höflich, nicht so reich
als andre.

Von den Zahlwörtern.

Es giebt verschiedene Arten von Zahlwör- 44.
tern:

G 2   I. Haupt-

1. **Hauptzahlen** (Cardinalia), auf die Frage **wie viel?** Eins, zwei, drei, vier, fünf, sechs, sieben, acht, neun, zehn, elf oder eilf, zwölf, dreizehn, vierzehn, funfzehn (im Sprechen oft **fufzehn**), sechzehn, siebzehn, achtzehn oder achzehn, neunzehn, zwanzig, ein und zwanzig oder einundzwanzig, zwei und zwanzig oder zweiundzwanzig 2c. neun und zwanzig oder neununds zwanzig, dreißig (nicht **dreizig**), vierzig, funfzig (im Sprechen oft **fufzig**), sechzig, siebzig (nicht siebenzig), achtzig oder achzig, neunzig, hundert, hundert und eins oder hundertundeins, hundert und zwanzig oder hundertundzwanzig, zweihundert (nicht **zwei hundert**), dreihundert, vierhundert 2c., tausend, tausend und eins, tausend und zwanzig, tausend einhundert, zweitausend, hunderttausend, neunhunderttausend, taus sendmaltausend, neunhunderttausendmaltausend, tausends tausendmaltausend.

Anmerkungen.

a. **Einer, Eine, Eins** wird anstatt der Adverbialform ordentlich als ein Adjektivum deklinirt. Mit dem Artikel heißt es **der, die, das Eine**; ohne Artikel **Ein, Eine, Ein.** Hingegen **zwei** nebst den übrigen sind weiter nicht deklinabel, als wenn sie gleichsam substantive stehen, z. E. sich mit **fünfen** schlagen. Es ist unnöthig, 1) das Wort **zwei** so zu dekliniren:

Männl.	Weibl.	Ungew.
zween.	zwo.	zwei.
zweener.	zwoer.	zweier.
zweenen.	zwoen.	zweien.
zween.	zwo.	zwei.

2) Braucht man auch **drei** nicht zu verändern und z. E. zu sagen mit **dreien** Leuten. Ein anders ist mit **dreien** von seinen Leuten, wo man allenfalls das Wort **drei** als ein Substantivum ansehen kann. In einigen wenigen Verbindungen kann **zweier** und **dreier** noch geduldet werden, z. E. **Adjektiva dreier En**dungen,

dungen; von zwei und) von drei wäre aber eben
so gut.

b. Man muß kein unnützes e an die Hauptzahlen hän=
gen, außer wenn man sie als deklinabel betrachtet. Z. E.
die Klocke schlägt achte, alle viere (oder alle
Viere) von sich strecken, die zwölfe (oder die
Zwölfe) saßen zu Tische (wiewol das über zwölfe so
leicht nicht gehen darf und auch zuweilen vernachläſſigt
werden kann). Man darf also nicht sagen, wenn
vier Groschen nicht hinreichen, so mögen es
fünfe sein. Der Dativus ist sehr gebräuchlich: mit
Sechsen fahren, es mit funfzigen aufnehmen.

c. Die Hauptzahlen können oft den bestimmten Arti=
kel annehmen, z. E. der eine Sohn und in einem an=
dern Verstande der einige, auch der einzige (aber
nicht einzigste) Sohn *), die zwei Gesetztafeln,
die hundert Städte von Kreta. Für die zwei
gebraucht man in den meisten Fällen lieber die beiden,
z. E. die beiden Wächter, welches ordentlich deklinirt
wird. Man kann auch, wenn es nöthig ist, den Arti=
kel davor weglassen, z. E. beide Augen zuthun, auch
oft beide allein setzen; z. E. beide (nicht Beide) sind
jetzt todt. Diese beiden kömmt auch vor, sowol mit
als ohne Nennwort. Endlich findet man auch vom Sin=
gular N. A. beides G. beider (z. E. beiderseits)
D. beidem. Beide » und für sowol » = als auch
ist veraltet. Z. E. beide Juden und Griechen.
Einige sagen auch beede, bode, beide, welches selbst
diejenigen verwerfen, die sonst zween, zwo, zwei
sagen.

G 3   b. Die

*) Man sagt nicht gern die einen; einzig aber
kann einen Plural, und sowol als einig auch das Ge=
schlechtswort der Einheit haben. Wenn einige sagen:
Wir wollen noch eine vierzehn Tage warten
u. d. g, so läßt sich das, wenigstens im Schreiben,
kaum rechtfertigen.

d. Die Zahlfiguren werden als Substantiva mit und ohne Artikel gebraucht; die Eins, eine Zwei, zwei Achten; man geht damit aber nicht gerne bis über Neun hinauf, mann müste denn von Uhrziffern reden. Z. E. die Zwölf (XII) ist kaum zu sehen.

e. Das Hundert, das Tausend, das Viertelhundert, das Viertel, und halbe Tausend werden substantive durch beide Numeros deklinirt. Für das Zehen sagt man das Zehend, Plur. die Zehenden. Sonst sagt man auch statt 6 ein halbes Dutzend, statt 12 ein Dutzend, statt 15 ein Mandel oder eine Mandel, statt 20 eine Stiege, statt 60 ein Schock, statt 1000000 eine Million ꝛc. Hieher scheint auch das zu gehören, wenn man sagt: sie gehen da zu Funfzigen u. d. g.

f. Von den Hauptzahlen kommen auch einige Namen der Münzen her: ein Zweier, ein Dreier, ein Sechser, ein Achter, ein Neuner, ein Zehner. Imgleichen ein Dreiling, ein Sechsling. Auch die Zwillinge gehören hieher. Einige haben auch Dreiling (welches sonst in mehrern Bedeutungen vorkömmt) von drei Kindern gesagt.

2. **Ordnungszahlen** (Ordinalia) auf die Frage der wievielste? Der erste, zweite oder andere, dritte, vierte, fünfte, sechste, siebente (nicht siebende, auch nicht siebte), achte, neunte, zehnte (nicht zehende), elfte oder eilfte, zwölfte, neunzehnte, zwanzigste, ein und zwanzigste oder einundzwanzigste, dreißigste, hundertste, hundert und erste, hundert und neunundneunzigste, zweihundertste, tausendste, tausend und erste, tausend und hundertste, tausend einhundert und erste, tausend zweihundertste, zweitausendste, hunderttausendste, tausendmaltausendste.

Anmerkungen.

a. Sie werden alle als ordentliche Adjektiva im Singular und Plural deklinirt, sowol mit als ohne Artikel.

b. Für

b. Für der, die, das zweite sagen einige ohne Noth der zweete (oder zwete, ja wol gar zweente), die zwote, das zweite. Andere ist beinahe gebräuchlicher als zweite, doch mit einigem Unterschiede.

c. Der Zehente, Plur. die Zehenten, ist ein Substantivum, welches von den Zehenden (N. 44. Anm. e) wol zu unterscheiden ist.

3. Zeitzahlen (Temporalia) auf die Fragen von 46 wie viel Jahren? und von welchem Jahre? z. E. ein Neunziger (ein Mann von neunzig Jahren), Achtundvierziger (Wein von 1748), ein Funfziger, (ein Thaler von 1750). Sie kommen nicht häufig vor.

Hieher gehören auch die zusammengesetzten mit Tag, Woche, Monath, Jahr, z. E. zweitägig, sechswöchentlich, dreimonathlich, achtjährig.

4. Vervielfältigungszahlen (Multiplicativa) 47 auf die Frage wievielfach oder wievielfältig? einfach oder einfältig, zwiefach, besser zweifach, und zwiefältig oder zweifältig, hundertfach oder hundertfältig 2c. Hieher kann man auch rechnen einmalig, zweimalig, dreimalig 2c., die aber in der Adverbialform nicht gebräuchlich sind.

5. Verschiedenheitszahlen *) auf die Frage wie 48 vielerlei? einerlei, zweierlei, dreierlei, viererlei, hunderterlei 2c. Sie sind indeklinabel, aber auch in der Adverbialform gebräuchlich.

Sogenannte Distributiva oder Eintheilungszah- 49 len haben die Deutschen nicht.

Die Zahlen, welche Nebenwörter sind, s. unten.

Von den Fürwörtern oder Pronominibus.

Fürwörter heißen Wörter, die anstatt der 50 Nennwörter gesetzt werden, oder besser, die

G 4   man

*) Im Lateinischen gehören sie zu den Multiplikativis, und haben also keinen besondern Kunstnamen.

man nicht versteht, als bis man weiß, an wel=
ches Nennworts Stelle sie gesetzt sind.

Z. E. wenn in der Bibel steht: durch den Glau=
ben an mich: so muß man nothwendig wissen, an
wen? Antwort: an Jesum. Welcher war ein
Prophet. Gleich fragt man: was für ein wel=
cher? Meine Lehre? Wessen Lehre? rc.

51 Die Fürwörter werden wie die Nennwörter
in Haupt= und Beiwörter unterschieden.

52 Man kann 5 Arten der Fürwörter annehmen:
1) persönliche, 2) eigenthümliche, 3) anzeigen=
de, 4) beziehende, 5) fragende.

Verschiedene dieser Arten haben wieder zweierlei
Fürwörter unter sich a) coniunctiva oder gesell=
schaftliche, die immer ein Nenn= oder Zeitwort bei
sich haben müssen; b) absoluta oder ungesellschaft=
liche, die ohne Zusatz gebraucht werden können.
Viele Pronomina können sowohl gesellschaftlich als
ungesellschaftlich gebraucht werden. Die absolute
Form kömmt mit der Adverbialform der Beiwörter
überein.

Von den persönlichen Fürwörteru.

53 Persönliche Fürwörter (Pronomina personalia) sind:
ich, du, er, sie, es und sich.
Die Deklination dieser Fürwörter ist folgende:

	1 Pers.	2 Pers.	3 Person.			
Sing. N.	ich.	du.	er.	sie.	es.	
G.	meiner.	deiner.	seiner.	ihrer.	seiner.	
D.	mir.	dir.	ihm.	ihr.	ihm.	sich
A.	mich.	dich.	ihn.	sie.	es.	sich
Plur. N.	wir.	ihr.		sie.		
G.	unser.	euer.		ihrer.		
D.	uns.	euch.		ihnen.		sich
A.	uns.	euch.		sie.		sich

Anmer=

Anmerkungen.

a. Ich zeigt die erste und du die zweite Person durch alle Geschlechter an. Er ist das männliche, sie das weibliche und es das ungewisse Geschlecht der dritten Person. Sich wird reciprocum oder das zurückkehrende Fürwort genannt. Es hat alle drei Geschlechter. Vordem sagte man im Dativus des Singulars ihm, ihr, ihm und im Plural ihnen für sich.

b. Für meiner, deiner, seiner und ihrer sagten die Alten mein, dein, sein, ihr.

c. Für unser und euer sagen jetzt viele unser und euer.

d. Man kann an die Personalia in allen Kasibus selbst hinzusetzen. (Siehe den Syntax.) Selber und selbsten sind schlecht.

Es giebt auch verschiedene uneigentliche Fürwörter. Diese sind entweder absolute oder konjunktive, oder beides zugleich.

1. Absolute sind jemand, niemand und jedermann, und die Neutra etwas und nichts. Die drei ersten nehmen im Genitivus ein s an. Der Dativus und Akkusativus von jemand und niemand müssen kein en bekommen, wie viele es zu halten pflegen, sondern dem Nominativus gleich sein.

2. Konjunktive sind man und es, wovon nur der Nominativus daist, z. E. man ruft, es regnet.

3. Beide Formen zugleich haben a) jeder, jede, jedes. Wenn es absolut ist, hat es keinen Plural, außer wenn es nach alle steht (alle und jede). Man kann im Singular auch ein davor setzen, z. E. Ich habe es jedem oder einem jeden gesagt. Er horcht auf jedes oder auf ein jedes Wort. Jedweder, jedwede, jedwedes, wovor man auch ein setzen kann, ist ein sehr überflüßiges Wort. In einigen Gegenden sagt man jedweder einer.

b) ein, eine, ein; kein, keine, kein, welche in der Adverbial- oder absoluten Form einer, eine,

eines,

eines und keiner, keine, keines haben. Einer
muß nicht für man gebraucht werden.

c) einiger, einiges, einige, welches in beiden
Formen gleich gehet. Man findet in der Deutschen Bibel noch das Neutrum etliches, und den Plural etliche,
(wofür einige, auch noch jetzt, etzliche, etzliches sagen,) in eben der Bedeutung als einige. Etwelcher,
etwelche, etwelche, etwelches im Plural etwelche, erlauben sich einige Schweizer noch. *)

Von den eigenthümlichen Fürwörtern
(possessiuis.)

54 (Es sind folgende: 1) von ich kömmt mein.
2) von du dein. 3) von er und es sein. 4) von
sie, dem weiblichen Singular, und sie, dem gemeinschaftlichen Plural, ihr. 5) von uns unser.
6) von euch euer.)

Sie werden als Konjunktiva so gemacht: mein,
meine, mein, unser, unsere und unsre, unser
u. s. w. Die absolute Form ist meiner, meine
meines ꝛc. oder auch nur mein, dein, sein, unser, euer, ihr schlechtweg. Man kann aber in derselben auch oft sagen der meine, die meine, das
meine; der unsere, die unsere, das unsere u. s.
w. oder noch besser der meinige, die meinige, das
meinige; der unsrige, die unsrige, das unsrige. Indessen ist nicht zu leugnen, daß die
erste Art (meiner, meine, mein ꝛc.) in den vorigen Zeiten fast nur allein gebräuchlich gewesen
sei.

*) Etwas und nichts werden auch mit Adjektivis
verbunden. Man sagt z. E. etwas großes, nichts
neues. Einige gebrauchen auch den Dativus: von etwas großem, mit nichts neuem.

fei. Die absolute Art wird auch oft zu Hauptwörtern; der Meinige, die Meinige, das
Meinige oder Meine u. s. w. Man sagt öfter eures als euers. Eurem und euren, und
euerm und euern sind beinahe gleich gebräuchlich.

Von den anzeigenden Fürwörtern
(demonstrativis.)

(Anzeigende sind fünf: der, die, das (welches 55
vom Artikel wol zu unterscheiden ist); dieser, diese,
dieses; derselbe, dieselbe, dasselbe; jener, jene, jenes; derjenige, diejenige, dasjenige;
wozu noch solcher, solche, solches für dieser; selbiger, selbige, selbiges; derselbige, dieselbige,
dasselbige kommen, die man aber nicht gerne gebraucht.

Von der Deklination derselben ist zu bemerken:

1. Der, die, das hat im Genitivus des, der,
des, wenn es bei einem andern Worte steht; absolute
aber dessen, deren, dessen. Der Genitivus im
Plural hat derer und der conjunctive, und deren
absolute. Der Dativus ist dey und denen conjunctive, absolute aber nur denen.

2. Für dieses kann man auch dies schreiben, welche
Schreibart gebräuchlicher ist, als dieß, diß und dis.

3. Derselbe hat im gemeinschaftlichen Plural die-
selben, nicht dieselbe, und im Genitivus und Dativus nicht dererselben, denenselben, sondern derselben, denselben; auch sonst immer ein n am Ende, außer im Akusativus dieselbe, dasselbe. Eben
das ist von derselbige zu merken. Selbiger hat im
Plural selbige. Vor derselbe kann man auch eben
setzen; ebenderselbe, ebendieselbe, ebendasselbe,
welches auch getheilt geschrieben werden kann, und wofür

für einige unrichtig bloß derselbe (ohne eben) ge
brauchen.

Von den beziehenden Fürwörtern
(relatiuis.)

56 (Es sind deren nur zwei: welcher, welche, wel
ches und der, die, das in eben der Bedeutung, zu
welchen noch was kömmt, welches in verschiednen Fäl
len für welches und des stehen muß, ungleichen so,
welches den ersten und dritten Kasus aller Geschlechter
und Endungen anzeigen kann, aber künftig aus guten
Schriften gänzlich zu verbannen ist.)

Man merkt von ihnen:

1. Der ist ein absolutum; welcher ein coniuncti
vum und absolutum zugleich ist, außer daß welches und
welcher im Genitivus nicht absolute stehen können, so
daß man z. E. nicht sagen kann der Mann, welches
ich erwähne, sondern dessen ich erwähne; nicht
die Männer, welcher Häuser brennen, sondern
deren Häuser brennen.

2. Das hieher gehörige der ist in der Deklination
vom Artikel darinn unterschieden, daß der Genitivus im
Singular dessen, deren, dessen, und der Geniti
vus und Dativus im Plural deren und denen heißen.

3. Was ist absolut und kömmt nur im Nominativus
und Akkusativus vor.

Von den fragenden Fürwörtern
(interrogatiuis.)

57 (Es sind zusammen drei, nemlich 1) wer männlich
und weiblich, was ungewiß. 2) Welcher, welche,
welches. 3) Was für einer mit was für wel
cher und was für welche. Doch kann man noch
hinzusetzen welch vor ein und vor Beiwörtern, welches
noch jetzt gebräuchlich ist, nebst dem veralteten waßer
und

und **was**, wovon das letzte vor Beiwörtern gebraucht zu werden pflegte.

Von ihrer Deklination kann man merken:

1. **Wer** hat im Genitivus besser **wessen** als **was**, und steht stets absolut. Man braucht es durch alle Kasus, nicht nur von einem, sondern auch von vielen. **Was** hat auch beide Numeros. Z. E. **Wer hat überwunden?** Antwort: **Die Russen. Was ist erbeutet?** mehr als 200 **Kanonen.**

2. **Welcher, welche, welches** kan absolute und coniunctiue stehen, doch müssen die Casus absoluti von den Endungen des Worts **wer** sehr wol im Gebrauch unterschieden werden (s. den Syntax).

3. **Was für einer, was für eine, was für eines** oder **eins** ist die absolute, und **was für ein, was für eine, was für ein** die konjunktive Form. Die letzte hat keinen Plural oder vielmehr diese Art zu fragen wirft das Pronomen im Plural weg: (denn im Singular sagt man **was für ein Mann?** im Plural **was für Männer?**) Die erste hingegen hat im Plural **was für welche?** z. E. wenn befohlen wird: **Gebt mir die Handschuhe her:** so kann darauf gefragt werden, **was für ein Paar?** oder auch **was für welche? *)**

4. **Welch** wird vornemlich bei Verwunderungen gebraucht: z. E. **o welch eine Tiefe der Weisheit Gottes!** Vor Beiwörtern ist es nur in der Poesie gebräuchlich, z. E. **Welch glückliches Gewässer wird schöner durch ihr Bild? Kleist.**

5. **Waser** kömmt nur im weiblichen Dativus des Singulars vor. **Aus waser Macht thust du das?** steht in der Deutschen Bibel.

6. **Was**

---

*) Wenn man den Singular findet, **was für welcher?** so bedeutet er so viel, als von **was für einer Art**; z. E. **Gebt mir ein Glas Wein. Was für welchen?**

6. Was gebrauchten die Alten vor allen Kasibus? Was große Thaten? Was großer Thaten? Was großen Thaten? Von was Grösse?

Von den Zeitwörtern.

58 Zeitwörter oder Verba sind solche Wörter, vor welche man persönliche Fürwörter im Nominativus setzen, und sie vermittelst derselben conjugiren kann.

Was conjugiren sei, s. oben N. 8.

59 Es giebt in jedem Numerus 3 Personen; nemlich Sing. 1. ich. 2. du. 3. er. sie. es. Plur. 1. wir. 2. ihr. 3. sie.

Ein Wort, welches mit allen Personen gemacht wird, heißt ein persönliches, hingegen ein anders, welches nur die dritte Person hat, heißt ein unpersönliches, z. E. es nebelt.

60 In einem Verbo finden 4 Arten oder Modi statt: 1) die anzeigende Art oder der Indicativus, welcher die Verrichtung oder den Zustand geradehin, jedoch mit Hinzufügung einer Person anzeigt, z. E. ich bin, ich war; 2) die verbindende Art oder der Konjunktivus, der eine Sache als ungewiß oder in einer gewissen Verbindung anzeigt, z. E. ich gläube, daß du es seist. Ich glaubte, daß du es wärest. 3) Die befehlende Art oder der Imperativus, durch welchen man befiehlt, bittet, ermahnet, räth, erlaubt rc. z. E. sei unverzagt! 4) die unbestimmte Art oder der Infinitivus, der die Verrichtung oder den Zustand ohne Person ausdrückt, welche in den andern Modis mit Rücksicht auf eine Person ausgedrückt werden.

Die

Der Imperativus hat die erste und die dritte Person nicht; denn obgleich einige Länder sagen: fasse ich Muth, fassen wir Muth: so ist das doch gar nicht in guten Schriftstellern gebräuchlich. Und er soll fassen sagt man zwar; aber es ist kein Imperativus.

Einige thun bei dieser Eintheilung noch die wünschende Art oder den Optativus hinzu: z. E. möchte ich gewinnen! allein er gehört mit zum Konjunktivus.

Bei einem Verbo finden 5 Zeiten oder Tem: 61 pora statt: 1) Präsens, die gegenwärtige Zeit, z. E. ich bin jetzt wieder gesund; 2) Imperfektum, die jüngstvergangne Zeit, z. E. ich war krank; 3) Perfektum, die völligvergangne Zeit, z. E. ich habe Arzenei gebraucht; 4) Plusquamperfektum, die längstvergangene Zeit, z. E. ich hatte mich erkältet; 5) Futurum, die zukünftige Zeit, z. E. ich werde mich künftig hüten.

Wollte man ja zu diesen Zeiten noch andere hinzufügen: so würde vornemlich das vergangene Futurum (Futurum exactum) in Betrachtung kommen, z. E. ich werde gewonnen haben, so bald er mein Freund wird. Die doppeltvergangene Zeit (z. E. ich habe es ihm gesagt gehabt), und die längstvölligvergangene (z. E. ich hatte es ihm gesagt gehabt), kommen höchstselten so vor, daß man das gehabt nicht davon weglassen könnte. Sonst hat noch jemand vorgeschlagen, ein ungewisses Futurum (z. E. ich will schreiben) und ein bedingtes) z E ich würde schreiben) anzunehmen; allein dagegen ist sehr viel einzuwenden.

Die gewöhnlichen fünf Zeiten finden im Indikativus und Konjunktivus sämtlich statt; im Imperativus nur das Präsens, und im Infinitivus das Präsens, das Perfektum und das Futurum. Die meisten setzen zwar auch

auch eine zukünftige Zeit des Imperativus, du sollst loben, er soll loben; allein sie kann füglich wegbleiben.

62 Ein Zeitwort, welches alle Tempora und Modos hat, die ein Deutsches Zeitwort nur haben kann, heißt ein vollständiges; ein solches aber, worinn dies nicht ist, ein unvollständiges (Defectiuum); z. E. von ich bin auferstanden ist keine gegenwärtige Zeit da.

63 Kein einziges Deutsches Zeitwort kann seine sämtlichen Tempora und Modos aus sich selbst machen, ohne ein anderes Verbum zu Hülfe zu nehmen. Ein solches zu Hülfe genommenes Wort nennt man ein Hülfswort oder Auxiliare.

Kein Hülfswort gehet vollkommen regelmäßig. Man braucht aber nur davon anfänglich so viel zu wissen, als man zur Konjugation andrer Zeitwörter nöthig hat. Die vornehmsten drei sind haben, werden und sein. Nächst ihnen kommen wollen, sollen, können und mögen als Hülfswörter vor. Ob man aber lassen, müssen und dürfen auch darunter rechnen dürfe, daran muß billig zweifeln. *)

64 Es giebt zwei Geschlechter der Zeitwörter: das thuende, (Actiuum), welches ein Thun bedeutet, und ein leidendes Geschlecht, welches mit dem Hülfsworte werden gemacht wird, hervorbringen kann; 2) das Mittelgeschlecht, (Neutrum,) welches mehr einen Zustand als ein Leiden bedeutet, und kein leidendes Geschlecht hervorzubringen im Stande ist.

3. E ich lobe muß ein Aktivum sein, weil ich sagen kann: ich werde gelobet; hingegen ich gehe ist ein Neu

*) Wer thun als ein Hülfswort gebraucht (z. E. ich thue ihm sagen, ich will es ihm sagen thun), gehört in dieser Absicht zum Pöbel.

Neutrum, weil ich nicht sagen kann: ich werde gegangen. Man kann auch noch das Kennzeichen zu Hülfe nehmen, daß ein Neutrum so leicht keinen Akusativus bei sich hat.

In wiefern manche Neutra ein Passivum haben können, davon s. N. 73.

Ein Wort, dessen Infinitivus den Dativus oder Akusativus sich vor sich hat, heißt ein Reciprokum. Die Reciproka sind ordentliche Aktiva, doch macht man nicht von allen ein Passivum: z. E. ich liebe mich, ich werde von mir geliebet.

Vor dem Dativus oder Akusativus der Person kann sogar ein Vorwort statt finden, z. E. ich mache etwas aus mir. Ich halte an mich. Vergl. N. 72.

Von der Konjugation der Zeitwörter.

Die ordentlichen 6 Endungen der Personen 65 durch beide Numeros sind e, est, et, en, et, en. In der jüngstvergangnen Zeit und im Konjunktivus ist die dritte Person der ersten beständig gleich.

Hinter den Infinitivus werden noch die Participia hinzugesetzt, von welchen hernach N. 81-84. soll geredet werden.

Einige fügen noch das Supinum und einige Gerundia hinzu; allein das erste ist weiter nichts, als der Infinitivus mit zu, und die andern bestehen ebenfalls aus dem Infinitivus und dem vorgesetzten vom, im, zum.

Das regelmäßige Zeitwort loben.   66
Thätiges Geschlecht.

	ich.	du	er ꝛc.	wir.	ihr.	sie.
Geg. Indik.	lobe.	lobest.	lobet.	loben.	lobet.	loben.
		(lobst.)	(lobt.)		(lobt.)	
Konj.	lobe.	lobest.	lobe.	loben.	lobet.	loben.

H   Jüngstv.

Jüngstv.
Ind. lobete. lobetest. lobete. lobeten ꝛc.
(lobte).(lobtest).(lobte).(lobten).
Konj. eben so.

Völligv.
Ind. habe. hast. hat. haben. habet. haben.
(habt).
Konj. habe. habest. habe. haben ꝛc.

Längstv.
Ind. hatte. hattest. hatte. hatten ꝛc.
Konj. hätte. hättest. hätte. hätten ꝛc.

} gelobet.

Zukünft.
Ind. werde. wirst. wird. werden ꝛc.
Konj. werde. werdest. werde. werden ꝛc.

} loben

Imp. lobe du oder lobe, lobet (lobt) ihr oder lobet (lobt).
Inf. der gegenw. 3. loben.
der vergang. 3. gelobet (gelobt) haben.
der zukünft. 3. loben werden.
Partic. der gegenw. 3. lobend oder ein lobender, eine
lobende, ein lobendes, oder der, die, das lobende ꝛc.

Passivum oder das leidende Geschlecht.

Gegenw.
Ind. werde. wirst. wird ꝛc.
Konj. werde. werdest. werde ꝛc.

Jüngstv.
Ind. ward. ; ; ; ward. ; ; ;
(wurde).wurdest.(wurde).wurden ꝛc.
Konj. würde. würdest. würde. würden ꝛc.

} gelobet oder gelobt.

Völligv.
Ind. bin. bist. ist. sind. seid. sind.
Konj. sei. seist. sei. sein. seid. sein.

Längstv.
Ind. war. warest. war. waren.waret.waren.
(warst). (wart).
Konj. wäre. wärest. wäre. wären.wäret.wären.
(wärst). (wärt).

} gelobet worden

Zukünft.

Zukunft.

Ind. werde ꝛc. } gelobet werden.
Konj. werde ꝛc

Imp. werde (du) gelobet, werdet (ihr) gelobet.
Inf. gegenw. gelobet werden.
    vergang. gelobet worden sein.
    zukünft werden gelobet werden.
Partic. der verg. Zeit. gelobet (gelobt) oder ein gelo=
beter (gelobter), eine gelobete (gelobte), ein gelobetes
(gelobtes). Der, die, das gelobete (gelobte) ꝛc.

Zum Konjunktivus muß man noch merken: 67

1. Anstatt ich lobe kann man auch sagen: 1) mag,
magst, mag, mögen, mögt, mögen loben.
2) Möge, mögest, möge, mögen, möget, mö=
gen loben. 3) Kann, kannst, kann, können,
könnt, können loben. 4) Könne, könnest,
könne, können, könnet, können loben.
5) Soll, sollst, soll, sollen, sollet, sollen loben.
6) Solle, sollest, solle, sollen, sollet, sollen
loben ꝛc.

2. Anstatt ich lobete kann man sagen: 1) ich möch=
te. 2) ich möchte. 3) ich konnte. 4) ich könnte. 5) ich
sollte. 6) ich würde. 7) ich wollte loben.

3. Anstatt ich habe gelobet kann man sagen: ich
mag, möge, kann, könne, soll, solle gelo=
bet haben.

4. Anstatt ich hätte gelobet kann man sagen: ich
mochte, möchte, konnte, könnte, sollte, wür=
de, wollte gelobt haben.

5. Anstatt ich werde gelobet kan man sagen: ich
mag, möge, kann, könne, soll, solle gelobet
werden.

6. Anstatt ich würde gelobet kann man sagen:
ich mochte, möchte, konnte, könnte, sollte,
würde, wollte gelobet werden.

H 2   7. Ans=

7. Anstatt ich sei gelobet worden kann man sagen: ich mag, möge, kann, könne, soll, sollt gelobet worden sein.

8. Anstatt ich wäre gelobet worden kann man sagen: ich mochte, möchte, konnte, könnte, sollte, würde, wollte gelobet worden sein.

Anmerkungen zum Paradigma loben.

68 : 1. Wo keine Zusammenziehung angesetzt ist, darf man auch keine machen. Daraus folgt aber nicht, daß in allen Wörtern da eine Zusammenziehung statt finde, wo in loben dergleichen erlaubt ist. Einige verwerfen alle Zusammenziehungen des Singulars regelmäßiger Zeitwörter; aber ohne Grund.

2. Der Konjunktivus zieht nicht so gern zusammen, als der Indikativus, daher er auch im Paradigma oft nicht zusammengezogen angezeigt ist.

3. Beim Imperativus bleibt du und ihr beständig weg, so oft kein Nachdruck darauf liegt. Wenn man aber jemand er und sie nennt, so kann er und sie nicht wegbleiben.

4. Der Infinitivus der zukünftigen Zeit kömmt so leicht nicht vor.

5. Das worden im Passivo kann oft wegbleiben.

6. Anstatt ich würde gelobt haben und ich würde gelobt worden sein brauchen viele unrichtig ich hätte ihn loben würden und ich hätte würden gelobt werden.

Allgemeine Anmerkungen über die Konjugation der übrigen regelmäßigen Zeitwörter.*)

69 Ein Neutrum gehet eben so, wie ein Aktivum, nur daß die meisten Neutra sein zum Hülfsworte nehmen, wo

---

*) Wenn auch unregelmäßige dabei zu Beispielen angegeben sind, so ist es in solchen Stücken, worinn sie nicht unregelmäßig sind.

wo die Aktiva haben gebrauchen. Man darf nur die zusammengesetzten Zeiten und Modos von loben und ebendieselben Zeiten und Modos von gehen vergleichen, um die ganze Sache einzusehen: 1) ich habe gelobet; ich bin, Konj. ich sei gegangen. 2) Ich hatte, hätte gelobet; ich war, wäre gegangen. 3) Gelobet haben, gegangen sein. 4) Ich mag gelobet haben, ich mag gegangen sein rc.

Ein Neutrum, welches sein zum Hülfsworte nimmt, 70 hat auch ein Participium der vergangenen Zeit oder kann wenigstens dergleichen haben; z. E. ein gegangener könnte man sagen, ob es gleich nicht gebräuchlich ist, hingegen ein geborstener ist gebräuchlich. Vergl. N. 82.

Ob man ein Neutrum mit sein oder mit haben 71 konjugiren müsse, läßt sich nicht immer so leicht ausmachen.

Folgende haben besser sein: begegnen, flattern, fliegen, folgen, gehen, gleiten, herumirren, klettern, klimmen, kriechen, laufen, reisen, reiten, rennen, schmelzen, schwimmen, segeln, springen, stolpern, straucheln, verjagen, wandern; außer zuweilen, wenn sie eine Leibesübung anzeigen, (denn niemand wird z. E. so leicht sagen: sie sind gesprungen und haben getanzt, sondern sie haben getanzt und gesprungen).

Folgende werden besser mit haben gemacht: verharren, willfahren.

Folgende sind streitig: beharren, dringen, eilen, knien, schimmeln, stutzen, traben, verharren, wandeln, besonders aber sitzen und stehen. Man merke aber 1) so wie unter es ist gefroren und es hat gefroren ein Unterschied ist, so muß man auch den Gebrauch des haben und sein in einigen dieser Wörter wol unterscheiden. Die Feinde sind in die Stadt gedrungen ist gut. Hingegen möchte man wol nicht sagen dürfen: Er ist in mich gedrungen, daß ich es thun möchte, sondern er hat in mich gedrungen.

Ich

Ich habe gekniet scheint so viel zu sein, als ich habe auf den Knien gelegen; hingegen ich bin gekniet so viel, als ich bin auf die Knie gefallen; daher man auch beständig sagen muß: ich bin niedergekniet. So kann man auch sagen: er ist gewandelt, anstatt er ist spazieren gegangen; er hat fromm gewandelt, hingegen wird heißen: er hat fromm gelebt. Auch sagen selbst diejenigen, welche sonst ich habe gestanden verwerfen, dennoch: es hat mir frei gestanden, es hat bei mir gestanden. Unter ich bin nach der Stadt geeilt und ich habe damit geeilt könnte man vielleicht einen Unterschied gewahr werden. Ob dergleichen auch bei traben zu machen sei, mögen andre untersuchen. 2) Das Brodt ist geschimmelt ist wol besser, als hat geschimmelt, der Fuchs hat gestutzt besser, als ist gestutzt, er ist auf seinem Kopfe beharret besser, als er hat auf seinem Kopfe beharret. Endlich darf man sich kein Gewissen machen, im Sprechen ich habe gestanden und ich habe gesessen zu gebrauchen, wenn man in Ländern lebt, wo es eingeführt ist; im Schreiben hat indessen ich bin gestanden und ich bin gesessen die Oberhand.

72   Die Reciproka gebrauchen beständig das Zeitwort haben, selbst wenn sie aus Neutris gemacht sind. Z. E. ich habe mich verirret, ich habe mich wund gegangen. Übrigens sind die Reciproka sehr leicht zu conjugiren, z. E. ich sehne mich, du sehnest dich, er sehnet sich, wir sehnen uns, ihr sehnet euch, sie sehnen sich, ich sehnte mich, habe mich gesehnt, hatte mich gesehnt, ich werde mich sehnen, sehne dich, sich sehnen, sich gesehnt haben, sich sehnend. Ich gebe mir Mühe, du giebst dir Mühe rc.

r Es giebt nicht allein reciproke Zeitwörter, sondern auch ganze, zum Theil ziemlich lange, reciproke Redensarten, z. E. sich eine Veränderung machen, rc.   sich

sich zum Gelächter machen, sich anheischig machen.

Uneigentliche Reciproka sind solche, wo man anstatt sich auch ein andres Wort setzen kann, z. E. sich und andre hassen; eigentliche aber sind, wo man das nicht thun kann, z. E. für sich grämen kann man nicht sagen andre grämen. Bei genauerer Untersuchung findet sich jedoch, daß die meisten Reciproka uneigentliche sind. Die meisten sind vordem auch außer der Reciprokation gebräuchlich gewesen.

Bei einigen Reciprocis pflegt mit einem andern, mit andern, einander, mit einander u. d. g. ausgelassen zu sein. Z. E. er schlägt sich, er zankt sich gern, sie sagen sich die Wahrheit, sie raufen sich.

Verschiedene Zeitwörter werden unrichtig zu Reciprocis gemacht, z. E. ich erschrecke mich, ich lerne mir das Aufgegebene, das Thier haret sich.

Die unpersönlichen Zeitwörter haben gemeinig- 73 lich es, aber auch wol ein Nennwort vor sich, z. E. der Vorfall verdrießt mich. Der Imperativus nebst dem Participio fehlt ihnen.

Zuweilen sind sie zugleich reciprok, z. E. es läßt sich dazu an.

Manche stehen statt eines Passivi, z. E. das sagt sich leicht oder läßt sich leicht sagen.

Eigentlich sind alle unpersönliche Wörter Aktiva oder Neutra, wovon man sich im Fall der Noth auch eine erste Person denken kann. Z. E. ich reue dich könnte eine Handlung sagen, die man redend einführt.

Die unpersönlichen Wörter, vor die man statt es ein Nennwort setzen kann, haben gemeiniglich auch einen Plural, z. E. diese Fehler reuen mich.

Beinahe ein jedes Zeitwort kann unpersönlich werden, wenn man seinen Nominativus hinten setzt, z. E. es kennt ihn ein jeder. Es kennen ihn viele.

Das

Daß es fällt bei manchen weg, sobald der regierte Kasus dem Zeitworte vorgesetzt wird: z. E. mich hungert für es hungert mich. Mir ist bange.

Man macht auch Impersonalia aus allen aktiven und neutralen Zeitwörtern z. E. man sagt, man geht. Die Passiva mit es wird sind etwas vorsichtiger zu gebrauchen, besonders von Neutris. z. E. es wird geklagt, es wird gelaufen.

Einige machen dergleichen auch mit sie; z. E. sie sagen, sie sind ihm hier alle nicht günstig, an statt man sagt, niemand ist ihm hier günstig.

74 Die Zeitwörter in ern und eln sind aus eren und elen, (welche Endungen aber gar nicht gebräuchlich sind,) zusammengezogen. Sie müssen in der zweiten und dritten Person des Singulars und in der zweiten des Plurals der gegenwärtigen und in der ganzen jüngstvergangenen Zeit also zusammengezogen werden:

(Andere) ändre, änderst, ändert, ändern, ändert, ändern, änderte 2c., geändert. (Wandele) wandle, wandelst, wandelt, wandeln, wandelt, wandeln, wandelte 2c., gewandelt.

Verschiedene Wörter sind in len und ren beinahe gebräuchlicher, als in ern, z. E. sammlen, trauren, bedauren, und gehen alsdenn ganz ordentlich.

75 Das ge in gelobt nennt man das Augment oder die Vermehrung. Eigentlich sollten alle Verba dergleichen Vermehrung in dem Participio der vergangnen Zeit bekommen; allein es gehen davon ab:

1) Alle fremde Wörter in iren. Z. E. Komplimentiren, komplimentirt (nicht gekomplimentirt), folglich auch regieren (s. Orthogr. N. 20.); imgleichen Deutsche Wörter, die man nach Art der fremden gebildet hat, z. E. stolziren, hanteliren. 2) Die zusammengesetzten

ten mit after, be, ent (oder emp), ge, hinter, er, ver, (imgleichen verab, verun,) zer. Z. E. befehlen, befohlen. 3) Das Wort worden, wenn es ein Hülfswort ist. Wenn es aber für sich steht, so muß es die Vermehrung sowol als alle andre behalten. Daher ist ich bin alt worden eben so falsch, als geben zu Berlin, er hat gessen 2c.

Die übrigen zusammengesetzten Wörter nehmen das ge nach dem vorgesetzten Worte an, z. E. aufthun, aufgethan, hochschätzen, hochgeschätzt. Eben so machen sie es mit dem zu, welches dem Infinitivus vorgesetzt wird, aufzuthun. Mit antworten muß man es nicht nachmachen. Die mit miß gehen ganz besonders: gemißhandelt, zu mißhandeln. (Doch sagt man ohne Kasus: ich habe mißgehandelt.) Mißverstehen, mißfallen, mißlingen und mißrathen nehmen kein ge an. Die mit hinter, durch, unter, voll, über, um, unter, wieder zusammengesetzten haben ein ge, wenn das vorgesetzte Wort den Ton hat, sonst aber nicht, z. E. ich habe ihn durchsuchet, er hat alles durchgebracht, er hat das Haus mit einem Graben umzogen, er ist umgezogen, es ist vollbracht, das Faß ist vollgefüllt 2c.

Wenn bei einem Participio der vergangenen Zeit ein Infinitivus ohne zu steht, den es regiert, so wird es selbst in den Infinitivus verwandelt, z. E. ich habe ihn reden hören. Ich habe ihn kommen sehen. Ich habe ihn begraben helfen. Ich habe ihn kleiden lassen. Ich habe nichts sagen dürfen. Ich habe ihn schweigen heißen. Ich hätt' ihn mögen beten sehn. Ich habe spielen lernen. Doch sagt man auch wol: Ich habe spielen gelernt. Er hat mich spielen gelehrt. Du hast Israel sündigen gemacht (1 Kön. 21, 22.).

Diejenigen, welche das ge und zu in die Mitte zu nehmen pflegen (N. 75.), bringen das Wort,

wel-

welches in der Zusammensetzung vorgesetzt ist, in
den unzusammengesetzten Temporibus hinten, z. E.
ich halte hoch, macht auf, kommt her ꝛc. außer wenn als, daß, wenn, weil, obgleich u. d. g.
vorhergehen, z. E. weil ich ihn hochhalte.

Von der unregelmäßigen Konjugation.

77   Ein unregelmäßiges Zeitwort hat gemeiniglich
nichts weiter unregelmäßig als 1) die zweite und
dritte Person der gegenwärtigen Zeit im Singular des Indicativus, 2) das Imperfektum
nebst seinem Konjunktivus, 3) den Singular
des Imperativus, 4) das Participium der
vergangenen Zeit.

In verschiedenen ist auch die erste Person der gegenwärtigen Zeit im Indikativus nebst noch einigem andern
unregelmäßig.

Obgleich der Indikativus des Imperfekts kein e hat,
so muß doch der Konjunktivus ein e bekommen, welches
jetzt von vielen unrichtig vernachläſſigt wird. Z. E ich
ließ. Konj. ich ließe. Zugleich wird der reine Vokal in
einen unreinen verwandelt: ich kam, ich käme; ich
kroch, ich kröche; ich trug, ich trüge. Doch
weil verschiedene im Indikativus jetzt ein a haben, die
sonst ein u gehabt haben, so muß man wol merken, ob
dergleichen Wörter nicht etwa a in ü verwandeln. Bei
verschiedenen ist das ä im Konjunktivus schon ziemlich
gebräuchlich, z. E. ich stand, ich stände.

Ob ein Wort unregelmäßig gehe, erkennt man am
sichersten aus dem Participio der vergangenen Zeit.
Wenn dasselbe auch nur die geringste Veränderung hat,
so ist das Wort wenigstens einigermaßen unregelmäßig.
Die eigentlichen unregelmäßigen Wörter haben im Par-
ticiplo kein t, sondern ein n am Ende, z. E. genommen.

Einige

Einige verlangen, daß in denselben die zweite und dritte Person der gegenwärtigen Zeit im Singular des Indikativus zusammengezogen werden, und statt des ie des Infinitivus ein eu, statt des e ein i, und statt des a ein ä bekommen müsse; allein der Gebrauch ist ihnen oft entgegen. Sie verlangen ferner, daß der Imperativus immer um eine Sylbe kürzer sein solle, als der Infinitivus; allein auch von dieser Regel muß man um des Wolklangs willen oft abgehen.

Man kann die unregelmäßigen Zeitwörter am 78 besten aus folgendem nach den Endungen eingerichteten Verzeichnisse kennen lernen.

aben. gräbst, gräbt. grub. grabe, gegraben, grabe (nicht grab). Hast ꝛc. (s. oben N. 66.). Imper. habe (nicht hab). gehabt.

acken. bäckst, bäckt (oder backst, backt), buk (nicht buch). backe (nicht back). gebacken.

achsen. wächsest, (wächset) wächst. wuchs, wachse (nicht wachs). gewachsen.

aden. lädst, lädet, (imgleichen ladest, ladet), lud, lade (nicht lad). geladen.

afen. schläfst, schläft. schlief. schlafe (nicht schlaf). geschlafen.

affen. schaffst (d. i. erschaffst), schafft (schafft, schaft). schuf (nicht schuff). schaffe (nicht schaff). geschaffen.

agen. (schlägest) schlägst, schlägt. schlug. schlage (nicht schlag). geschlagen. Rathschlagen geht ordentlich.

ahlen. mahlst, mahlt (nicht mählst, mählt). muhl (auch mahlte). mahle (nicht mahl). gemahlen. Mahlen mit dem Pinsel geht ordentlich.

ahren. fährst, (fähret) fährt. fuhr. fahre und fahr. gefahren.

allen. fällst, fällt (nicht fället). fiel. falle (nicht fall). gefallen. erschallst, erschallt. erscholl. erschalle (nicht erschall). erschollen. Einige machen dieses Zeitwort regelmäßig, wie schallen, wovon es herkömmt;

man

man kann aber die unregelmäßige Form behalten, so oft von einem Gerüchte die Rede ist.

alten. hältst (nicht hältest), hält. hielt. halte und halt. gehalten.

angen. fängst (nicht fängest), fängt. fing (nicht fieng) fange (nicht fang). gefangen. So auch hangen (das Neutrum). Hängen oder henken (das Aktivum) geht regelmäßig.

aschen. wäschest (nicht wäschst), wäscht. wusch. wasche. gewaschen.

asen. bläsest, bläset und bläst. blies. blase. geblasen.

assen. lässest, lässet und läßt. ließ. (lasse) laß. gelassen.

aten. brätst, brät. briet. brate (nicht brat). gebraten.

athen. rathen wie braten, nur daß stets ein th für ein t ist.

auben. schnaubst und schnaubest, schnaubt und schnaubet. schnob, geschnoben nimmt es von schnieben.

auen. haust, haut (nicht häust, häut). hieb. haue (nicht hau). gehauen.

aufen. läufst, läuft. lief. laufe und lauf. gelaufen. säufst, säuft. soff. saufe und sauf. gesoffen.

ägen. wägen und erwägen. s. egen.

ären. gebierst, gebiert. gebar. Konj. gebäre. gebäre und gebier. geboren (alles ohne h). Einige machen auch gären (vom Bier) unregelmäßig: gor. gegoren. schwärst, schwärt. schwor (nicht schwur). schwäre. geschworen.

eben. giebst, giebt (nicht giebest, giebet, auch nicht gibst, gibt). gab. gieb. gegeben. hebst, hebt. hob. hebe. gehoben.

echen. brichst, bricht. brach. brich. gebrochen. So sprechen. stechen.

echten. fichtst, ficht. focht. ficht. gefochten. So flechten.

ecken.

ecken. erschrickst, erschrickt (das Neutrum). er-
schrak. erschrick. erschrocken.

essen. frissst, frisst (trifft, trisst). traf. triff. getroffen.

egen. pflegst, pflegt. pflog. gepflogen. Es ist das
Neutrum (für gewohnt sein). Der Imperativus
fehlt. Andre machen dieses Zeitwort ordentlich, welches besser ist. Hingegen macht man das eine Aktivum
pflegen (z. E. Umgang pflegen) lieber auf die vorige Art, nur daß der Imperativus pflege hat. Be-
wegst, bewegt. bewog. bewege bewogen *). So auch
erwegen, imgleichen das alte wägen.

eben (geschiehet) geschieht. geschahe und geschah
(nicht geschach). So auch sehen, wovon der Imperativus siehe gebräuchlicher ist, als sieh.

(stehest) stehst, (stehet) steht. stand. steh. gestanden.

(gehest) gehst, (gehet) geht. ging (nicht gieng).
geh. gegangen.

eblen. befiehlst, befiehlt. befahl. befiehl. befohlen.
So stehlen. Verhehlen geht jetzt regelmäßig.

eiben. (bleibest, bleibet), bleibst, bleibt. blieb.
bleibe. geblieben. So schreiben, treiben.

eichen. gleichst, gleicht. glich. gleiche. geglichen.
So erbleichen, verbleichen, schleichen, strei-
chen, weichen; bleichen und ausbleichen gehen
regelmäßig, so wie gleichen (das Aktivum) und vergleichen bei den Alten.

eiden. meidest (nicht meidst), meidet. mied. mei-
de (nicht meid). gemieden. So auch scheiden. Die
Alten machten beide regelmäßig.

leidest (leidst), leidet (nicht leidt). litt (nicht litte).
leide (nicht leid). gelitten. So schneiden.

eien.

*) Im sittlichen Verstande, z. E. ich bewog ihn
dazu. Hingegen wenn es so viel als rühren oder als
fortbringen bedeutet, ist es regelmäßig.

eien. schreieſt (ſchreiſt), ſchreiet (ſchreit). ſchrie (einſylbig. Der Konjunktivus iſt zweiſylbig, braucht aber nicht ſchriee geſchrieben zu werden). ſchreie (nicht ſchrei). geſchrien (nicht geſchrieen). So ſpeien; ſchneien aber iſt beſſer regelmäßig.

eifen. (greifeſt, greifet) greifſt, greift. griff. greif und greife. gegriffen. So kneifen, pfeifen, ſchleiſen *), imgleichen keifen, welches aber viele lieber regelmäßig machen.

eigen. (ſchweigeſt, ſchweiget) ſchweigſt, ſchweigt. ſchwieg. ſchweig und ſchweige. geſchwiegen. So ſteigen.

eihen. gedeiheſt, gedeihet (gedeihſt, gedeiht). gedieh (nicht gediehe). gedeihe (nicht gedeih). gediehem. So leihen, verleihen, zeihen, verzeihen

ein. bin, biſt ꝛc. (ſ. N. 66.). Perf ich bin geweſen. Konj. ich ſei geweſen. Plusqu. ich war geweſen. Fut. ich werde ſein. Imperat. ſei, ſeid. Partic. geweſen (nicht geweſt). Für ſind ſagt der Pöbel ſeind und ſein, ſo wie hingegen ſind für ſein (z. E. es wird mir ſehr angenehm ſind, wenn Sie bei mir ſein). Der Konjunktivus ſein, ſeieſt ꝛc. iſt altväteriſch. Bis für ſei iſt ganz alt. Das Participium ſeiend taugt nicht. Die Alten ſagten weſend dafür (vom Infinitivus weſen), daher wir noch abweſend und anweſend haben.

einen. (ſcheineſt, ſcheinet) ſcheinſt, ſcheint. ſchien. ſcheine (nicht ſchein). geſchienen.

eipen. kneipſt, kneipt. knipp. kneipe. geknippen. So machen viele dies nicht eben gebräuchliche Wort; allein andre machen es ordentlich.

eiſen. preiſeſt, preiſet (preiſt). pries. preiſe. geprieſen. So weiſen. Die Alten machten beide regelmäßig.

eißen. heißeſt, heißet (heißt). hieß. heiße. geheißen. Beißeſt, beißet (beißt). biß. beiß und beiße. gebiſſen.

*) Schleifen für ſchleppen und für dem Erdboden gleich machen iſt regelmäßig.

biſſen. So befleißen, ſchmeißen, reißen, imgleichen gleißen und ſpleißen, von welchen wenigſtens
das erſte regelmäßig gemacht werden ſollte.

eiten. reiteſt (reitſt), reitet. ritt (nicht ritte). rei-
te. geritten So ſchreiten, ſtreiten. Gleiten
macht man beſſer regelmäßig.

elfen. hilfſt, hilft. half (alt holf und hulf). Konj.
hülfe (nicht hälfe und hölfe). hilf. geholfen.

elken. milkſt, milkt, und melkſt, melkt. molk,
melke. gemolken.

ellen. quillſt, quillt. quoll. quill und quelle (nicht
quell). gequollen Bellen macht man jetzt regelmäßig.
Sonſt machte man es wie quellen; das Imperfektum
hieß aber ball.

elten. ſchiltſt, ſchilt. ſchalt (vordem ſcholt.)
ſchilt. geſcholten. So gelten. Den Konjunktivus
machen viele von beiden noch in ölte.

elzen. ſchmilzeſt, ſchmilzt ſchmolz. ſchmilz. ge-
ſchmolzen.

enden. Imp. wandte. Partic. gewandt. So
ſenden.

enken. Imp. dachte. Partic. gedacht. Ich
ſchankte von ſchenken iſt unrichtig.

ennen. Imp. brannte. Partic. gebrannt. So
kennen, nennen. Rennen und trennen ging
vordem auch oft ſo, jetzt aber nicht mehr.

erben ſtirbſt, ſtirbt. ſtarb (nicht mehr ſturb),
ſtürbe. ſtirb. geſtorben. So verderben (das Neutrum) und werben.

erten. wirſt, wird. ward (wurde), wurdeſt (nicht
wardſt), ward (wurde). Konj würde werde. geworden. Als ein Hülfswort beim Paſſivo hat es nur
worden. Vergleiche N. 75. *)

eren. ſchierſt, ſchiert. ſchor. ſchier. geſchoren.

erfen. wirfſt, wirft. warf. würfe. wirf. geworfen.

ergen.

*) Man könnte den Unterſchied feſtſetzen : wurde iſt
das Hülfswort, ward das ordentliche Zeitwort.

ergen.   birgſt, birgt. barg. birg. geborgen.

erſten.   berſteſt, berſtet (birſteſt, birſt). barſt,
berſte (birſt). geborſten.

eſchen.   driſcheſt, driſchet (driſchſt, driſcht). droſch
(nicht draſch). driſch. gedroſchen.

eſen.   geneſeſt, geneſet genas (nicht genaß). ge-
neſen. der Imperativus fehlt.

lieſeſt, lieſet (lieſt; aber nicht du liſt, er liſt). las.
lies. geleſen.

eſſen.   iſſeſt, iſſet (ißt, iſt). aß. iß. gegeſſen. So
freſſen, meſſen, vergeſſen.

eten.   trittſt, tritt. trat. tritt. getreten.

eugen.   (beugeſt) beugſt, beugt. bog. beuge. gebogen *).

ieben.   (ſchiebeſt) ſchiebſt), ſchiebt. ſchob (nicht
ſchub). ſchieb und ſchiebe. geſchoben. So ſchnieben,
ſtieben.

iechen.   riechſt, riecht (alt reuchſt, reucht **). roch.
rieche und riech (alt reuch). gerochen. So kriechen.

ieden.   (ſiedeſt) ſiedſt, ſiedet. ſott. ſiede. geſotten.

iefen.   trieffſt, trieft (alt treuffſt, treuf). troff. trie-
fe (alt treuf). getroffen. Jetzt gebraucht man dieſes
ganze Zeitwort lieber regelmäßig.

iegen.   biegſt, biegt (alt beugſt, beugt). bog. bie-
ge (alt beug). gebogen. (vergl. oben eugen.) So
fliegen. Betriegen ſ. lügen.

(liegeſt, lieget) liegſt, liegt. lag. liege. gelegen.
wiegſt, wiegt. wog. wiege. gewogen. Dieſes Zeitwort
hieß erſt wägen.

ieben.

*) Im grammatikaliſchen Verſtande für flektiren
wird dieſes Zeitwort ſo gemacht. In andern Bedeutungen iſt es regelmäßig: er hat ihn gebeuget; er hatte ſich
gebeuget.

**) Die hier und im folgenden als alt angegebnen En-
dungen mit eu ſind zum Theil noch in der Poeſie brauch-
bar, z. E. o Sonne fleuch, und leuchte dieſem
Tage nicht! Rander.

ſehen. flieheſt und fliehſt, fliehet und flieht (alt fleuchſt, fleucht). floh (nicht flohe). fliehe und flieh (alt fleug). geflohen. So ziehen, beſſen Imperfekt bei einigen unrichtig zohe heißt.

ieren. (friereſt, frieret), frierſt, friert (alt freureſt und freurſt, freuret und freurt). fror. friere (alt frier). gefroren. So verlieren.

ießen. fließeſt, fließet und fließt (alt fleußeſt, fleußt). floß. fließe und fließ (alt fleuß). gefloſſen. So genießen, gießen, ſchießen, ſchließen, ſprießen, verdrießen.

ieten. bieteſt (bietſt), bietet (alt beutſt, beut). bot. biete (alt beut). geboten.

immen. ſchwimmſt, ſchwimmt ſchwamm (nicht ſchwomm). Konj. ſchwämme und ſchwömme. ſchwimmme und ſchwimm. geſchwommen.

glimmſt, glimmt. glomm ꝛc. So klimmen; man macht beide Zeitwörter aber auch regelmäßig.

inden. bindeſt, bindet (bindſt, bindt). band. binde. gebunden. So empfinden, finden, ſchwinden, winden. Viele machen den Konjunktivus des Imperfekts noch in ünde. Der Indikativus in und iſt veraltet, außer daß man noch ſchund von ſchinden ſagt (nicht ſchand).

ingen. (dringeſt, dringet), dringſt, dringt. drang (vordem drung, daher viele noch den Konjunktivus in ünge machen). dringe. gedrungen. So gelingen, klingen, ringen, ſchlingen, ſchwingen, ſingen, ſpringen, zwingen, imgleichen dingen, welches einige regelmäßig machen. Es hat aber nicht dang, ſondern dung.

bringeſt, bringet. brachte. bringe. gebracht.

inken. (ſinkeſt, ſinket) ſinkſt, ſinkt. ſank (vordem ſunk; daher man noch oft den Konjunktivus auch in ünke macht). ſinke. geſunken. So ſtinken, trinken.

innen. (rinneſt, rinnet), rinnſt, rinnt. rann (vordem ronn). Konj. rönnt. rinne. geronnen. So

J

gewinnen, finnen, fpinnen, imgleichen das aus
der Mode gekommene beginnen, deffen Imperfekt ei=
nige unrichtig begonnte und begunnte machen.

irren. verwirrft, verwirrt. verworr. verwirt.
verworren. Jetzt macht man es gemeiniglich regelmäßig.

iffen. weißt (alt weißeft), weiß. wüßte. wiffe. ge=
wußt.

itten. bitteft, bittet. bat. bitte. gebeten (nicht bäth,
gebethen).

itzen. fitzeft, fitzet und fitzt. faß. fitze. gefeffen.

ollen. foll, follft (nicht follt), foll. follte. gefollt. will
(nicht willt), will. wollte. Ronj. eben fo. wolle. gewollt.

ommen. kömmft, kömmt. kam. komm. gekom=
men. Bewillkommen ift regelmäßig.

oßen. ftößeft, (ftößet) ftößt. ftieß. ftoße. geftoßen.

ögen, mag, magft, mag, mögen. Ronj. möge.
mochte. möge (z. E. vermöge). gemocht.

önnen. kann, kannft, kann, können. Ronj. kön=
ne (f. N. 66). konnte (nicht kunnte). könne. gekonnt.

ören. fchwörft, fchwört. fchwur (nicht fchwor).
fchwöre. gefchworen.

öfchen. verlöfcheft und verlifcheft, verlöfcht und ver=
lifcht. verlofch. verlöfche und verlifch. verlofchen. So er=
löfchen. Es find Neutra.

ufen. (rufeft, rufet) rufft, ruft. rief. rufe. gerufen.

un. thue, thuft, thut, thun, (thuet) thut, thun.
Ronj. thue, thueft rc. that (nicht thät). thue. gethan.

ügen. lügeft und lügft, lüget und lügt (alt leußt,
leugt). lug. lüge (nicht lüg. alt leug). gelogen. So
trügen. Mügen f. ögen.

üren. f. von küren unten N. 80.

ürfen. darf, darfft, darf, dürfen. Ronj. dürfe.
dürfte. dürfe. gedurft.

üffen. muß, mußft (beffer must), muß, müffen.
Ronj. müffe. mufte. müffe. gemußt.

79 Viele Wörter werden ohne Noth unregelmäßig ge=
macht. Einige davon find N. 78. fchon vorgekommen;
allein

allein. es giebt mehrere Fragen und sagen (auch wol klagen) machen viele nach tragen bis auf das Participium (gefraget ꝛc.), welches aber eben beweist, daß sie regelmäßig sind. Von stecken sagen viele falsch ich stak, oder wol gar ich stach, gestochen, und so auch von anstecken, verstecken ꝛc. von riechen ich roch, ich habe gerochen. Die Aktiva verderben und schmelzen werden oft unrichtig wie ihre Neutra gemacht, allein es ist so eingerissen, daß man es wenigstens nicht in allen Verbindungen gleich wieder abschaffen kann, z. E. man sagt so leicht nicht: ein umgeschmelzter Teller, das hat den ganzen Spaß verderbt ꝛc.

Unter den Wörtern, die nicht alle Tempora haben, sind besonders die mit aufer und auser anfangende Derkomposita zu merken, denen das Präsens und Imperfektum durch alle Modos fehlt, we. nicht gewisse Partikeln vorhergehen. z. E. da er auferstand. Von den andern merke man küren nebst den daraus zusammengesetzten, wovon nur das Präsens und Futurum fehlt. Das Imperfektum ist erkor, und das Participium erkoren.

Von den Mittelwörtern.

Participia oder Mittelwörter haben ihren Namen davon, weil sie etwas vom Nennworte und etwas vom Zeitworte an sich haben.

Sie werden deklinirt, movirt und komparirt, wie die Nennwörter; sie bedeuten einen Zustand oder eine Verrichtung in einer gewissen Zeit und regieren einen Kasus, besonders den Akkusativus, wie die Zeitwörter.

Ein Aktivum hat nur Ein Participium, nemlich in der gegenwärtigen, und das Passivum auch nur Eins, nemlich in der vergangenen Zeit. Die Neutra, welche sein zum Hülfsworte annehmen, können auch in der vergangenen Zeit ein Participium haben;

haben; allein es ist nicht immer gebräuchlich (vergl. N. 65.). Man muß sich aber wol hüten, dergleichen Wörter aktive zu gebrauchen, z. E. der seinen Vater gefundene Sohn.

Die zusammengesetzten Participia, der geredet habende, der reden werdende, der reden wollende ꝛc. haben keinen Beifall gefunden. Allein die Participia der zukünftigen Zeit im Passivo mit zu sind nicht ganz zu verwerfen, z. E. die zu berechnenden Gelder. Man muß sie nur nicht zu sehr häufen.

83 Es giebt verschiedene aktive Participia, denen man unrichtig eine passive Bedeutung beilegt: z. E. Kraft seines tragenden Amts, eine woltuhende Nacht, so viel mir wissend ist ꝛc.

84 Es giebt Beiwörter, die beinahe wie Mittelwörter aussehen, und es doch nicht sind. Dahin gehören: bemüht, beflissen, geflügelt. Noch weniger muß man nackend, (welches aus nackhund entstanden ist,) für ein Mittelwort halten. Von abwesend und anwesend s. S. 126.

Von den Nebenwörtern.

85 Es sind solche Wörter, die, wenn man sie zu Beiwörtern oder Zeitwörtern setzt, einen Umstand der Zeit, des Orts u. s. w. oder eine Art und Weise andeuten.

In einigen Fällen kann nicht ein jeder ein Beiwort von einem Nebenworte unterscheiden; es ist aber leicht, indem das erste immer einen Zustand bedeutet. Z. E. er hat sich lahm gefallen; er hat sich rasend getrunken. In er ist ganz voller Blut ist ganz ein Beiwort, in er ist ganz unsinnig ein Nebenwort.

Di

Die meisten Nebenwörter sind aus Beiwörtern 86 entstanden und behalten sogar meistentheils die Adverbialform derselben unverändert bei. Z. E. es ist vollkommen, es klingt vollkommen. Viele nehmen ein lich an, und verändern den reinen Vokal in einen unreinen, z. E. gröblich, gütlich; allein manche von diesen in lich kommen aus der Mode, z. E. heiliglich, seliglich, mächtiglich. Die übrigen Adverbia, die nicht von Beiwörtern kommen, kann man in verschiedene Klassen nach ihren Bedeutungen theilen, z. E.

1) Des Orts: hier, dort, herein, heraus, von hier, so weit.

2) der Zeit: heute, längst, bald, niemals, selten.

3) der Zahl: a) einmal, zweimal, dreimal rc. b) erstlich (nicht erstens), zweitens, drittens rc. oder: zum ersten rc.

4) der Vergleichung: wie, gewissermaßen rc.

5) der Bejahung und Verneinung: ja, nein, freilich, mit nichten rc.; imgleichen des Bekräftigens und des Leugnens: z. E. gewiß, unstreitig, nimmermehr.

Man hat auch adverbiale Redensarten: z. E. in Ewigkeit nicht, um Gottes willen (d. i. umsonst rc.)

Das e am Ende einiger Nebenwörter ist 87 streitig.

Man sollte es nicht wegwerfen in behende, frühe, geschwinde, heute, lange, nahe, vorne. Man sollte es nicht anhängen in balde, dicke, dünne, ofte, späte. Ferne und fern sind beide gebräuchlich.

Es giebt auch sonst noch einige unrichtige Endungen der Nebenwörter, z. E. für nirgend, hie, dorten, darinnen, hierinnen, oftmalen muß man nirgends, hier, dort, darinn, hierinn, oftmals

J 3   sagen.

sagen. Besonders hingen einige vordem das en gerne an die Endung lich, und an die Participialendung t, z. E. herzlichen gerne, verzweifelten grob.

88 Die meisten Nebenwörter, die den Beiwörtern gleich lauten, werden auch wie sie komparirt, z. E. heilig, heiliger, am heiligsten; aber auch einige von den andern leiden die Komparation, z. E. oft, öfter, am öftesten oder zum öftesten.

Unregelmäßig sind: bald, eher (nicht ehe, welches etwas anders bedeutet, noch weniger bälder), am ehesten (nicht ehestens; denn das ist ein bloßer Positivus); gern, lieber, am liebsten. Minder, am minsdesten hat keinen Positivus, und äußerst und innigst nur den Superlativus.

Von den Vorwörtern.

89 Sie werden den Hauptwörtern vorgesetzt und können nicht wol für sich allein stehen. Man sagt aber doch zuweilen auf die Frage wohin? aus, durch :c. wobei ein Zeitwort ausgelassen ist.

90 Man theilt die Vorwörter nach den Kasibus ein, welche von ihnen regiert werden. 1) Den Genitivus haben anstatt, außerhalb, innerhalb, besage, dißseits, jenseits, kraft, laut, unerachtet oder ohnerachtet (nicht ungeachtet), vermöge, vermittelst, während, wegen. 2) Den Dativus aus, außer, bei, binnen mit, nach, nächst, nebst, ob, samt oder sammt, seit, zu, von. 3) Den Accusativus durch, für, gegen, gen, ohne, sondern, um, wieder (nicht wider). 4) Den Dativus (auf die Frage wo? oder worinn?) und den Accusativus (auf die Frage wohin?) an, auf, hinter, in, neben, über, unter, vor, zwischen.

Es giebt Präpositionen, die mit ihrem Kasu ein Wort ausmachen, indem sie ihm nachgesetzt sind, z. E. darüber, d rob, daraus, daran, meinethalben :c. Vergleiche N. 12.

Einige

Einige Präpositionen stehen beständig nach, und sollten daher Nachwörter (Postpositionen) heißen, nemlich halben, entgegen, gegenüber, willen, zuwieder. Andere können vor und nach stehen, nemlich wegen und ohnerachtet. Zufolge ist als eine Postposition gebräuchlicher, und hat den Dativus; wenn es aber vorsteht, pflegt man den Genitivus darnach zu setzen. Nach für in Ansehung kann auch nachstehen, z. E. seinem Ursprunge nach.

Es giebt auch Präpositionen, die man unzertrennlich nennt, weil sie außer der Zusammensetzung nicht vorkommen, nemlich ab, after, be, ent, er, ge, miß, nieder, zer. 91

Von den Bindewörtern.

Bindewörter werden gebraucht, um die Sätze einer Rede mit einander zu verknüpfen, welches sie zuweilen geradehin thun (z. E. und, imgleichen, ferner, überdem); zuweilen durch einen Gegensatz (z. E. aber, sondern, oder, obgleich, doch), zuweilen durch eine Ursache (z. E. weil, denn, also, da, folglich), zuweilen durch eine Bedingung (z. E. wenn), zuweilen durch eine Beschaffenheit oder Absicht (z. E. daß, so daß, auf daß). 92

Einige Konjunktionen beziehen sich auf einander: z. E. sowol — als auch, nicht allein — sondern auch, entweder — oder, weder — noch. Besonders ist das sogenannte so apodoseos zu merken, mit welchem sich gemeiniglich der Nachsatz anfängt, so oft obgleich, wenn, da, weil ꝛc. vorhergegangen ist.

Einige Wörter sind in gewisser Absicht Nebenwörter, in andrer Absicht Bindewörter, z. E. folglich.

Von

Von den Zwischenwörtern.

93. Zwischenwörter drücken beständig einen ganzen Satz aus, z. E. wenn jemand Ach! sagt, so
schließt man aus dem Tone, womit er es vor-
bringt, ob er damit sagen wolle: ich bin unglücklich, oder ich bin froh, oder ich bin
voller Verwunderung ꝛc.

Man theilt sie nach den Gemüthsbewegungen ein,
aber manche drücken mehr als Einen Affekt aus, z. E.
ach! Es giebt also 1) zurufende, z. E. her! holla!
2) aufmunternde, z. E. wolan! auf! fort! 3) kla-
gende, z. E. leider! 4) verabscheuende, z. E. pfui!
5) verwünschende, z. E. wehe! 6) wünschende, z. E.
wol! Heil! Glück zu! ꝛc.

Manche Interjektionen machen nicht einmal eine Sylbe, z. E. st! pst! hm! rr!

Vierter Theil
Der Syntax oder die Wortfügung.

Von der Ordnung, in welcher die Wörter auf einander folgen müssen.

1 Die Deutsche Sprache hat in Versetzung der
Wörter eine etwas grössere Freiheit, als die meisten neuern Sprachen, indem ein Satz oft eine
vollkommen gleiche Bedeutung behält, wenn
auch die Ordnung der Wörter verrückt wird.

Z. E. anstatt als der jüngste Bruder meines
Vater ihn gesprochen hat kann man eben so wol
sagen: als ihn meines Vaters jüngster Bruder
gesprochen hat.

Die

Die gewöhnliche Folge der Wörter, die so 2
wol in Profe als in Versen statt findet, kann
durch folgende Beispiele erläutert werden. *)

Er hat mir in seiner Zuschrift eine so besondre Hoch-
achtung bezeigt, daß ich mich kaum getraue, ihm zu antworten. Ist der ein Mensch, den Gottes Güte nicht
führt? Ich werde künftigen Sommer mit ihm nach
Hamburg reisen. Er hatte seinem Vater von der mit
ihm vorgefallenen Veränderung noch keine Nachricht gegeben. Hier hatte er Gelegenheit, sich zu zeigen. Ver-
zärtelt eure Leidenschaften, so herschen sie zuletzt; sie bleiben ewig haften; ein diamantnes Band knüpft sie an euer
Herz. Utz. Heil dem, den nicht die Furcht gestraft zu
werden quälet. Cramer. Heil uns, daß unser Mor-
gen in die Tage des einzigen Monarchen fiel! Ramler.
Wärst du so klug, die kleinen Plagen des Lebens willig
auszustehn, so würdest du dich nicht so oft genöthigt
sehn, die grössern übel zu ertragen. Gellert. Die
Kentniß unsers Glücks ist Weisen nur verliehn. Hagedorn. Es steigen Seraphim von allen Sternen nieder. Ramler. Soll mich die Hand des Herren ewig
drücken? Caniz. Geschminkte Tugenden, die ich zu
lang erhob, scheint nur dem Pöbel schön, und sucht bei
Thoren Lob! Haller.

Der Affekt erfordert oft eine Versetzung der 3
Wörter, z. E. Ihm solte ich ungehorsam
sein? sagt mehr als ich sollte ihm ungehorsam sein? Dem Höchsten must du trauen
ist nachdrücklicher, als du must dem Höchsten
trauen.

J 5

*) Die darüber gesetzten Zahlen zeigen an, daß auch
eine andere Ordnung der Wörter ohne Veränderung des
Sinnes statt finde. Wenn über unrichtigen Exempeln
Zahlen stehen; so wird dadurch die richtige Folge bemerkt,

trauen. So auch: Gelehrt[3] mag[2] er[1] sein[4], aber Geld hat er nicht. Mit Ungeduld[4] haben[2] wir[1] Sie[3] erwartet[4][5]. Noch vor mor-gen[2] soll[1] es[3] geschehen[4][5]. Trotz einer Elster schwarzt[2] Ursin[1]. Hag[5]. In[6] meinen Adern[7] tobt[4] ein[1] Juvenalisch[2] Feuer[3]. Utz.

Eine übelangebrachte Höflichkeit hat man-che unnöthige Versetzungen eingeführt, z. E. Daß[1] Ew.[7] H.[8] mit[9] diesem[10] Schreiben[11] beschwerlich[12] zu[13] fal-[14]len[2] ich[3] mir[4] die[5] Freiheit[6] nehme[1]. Wenn[3] Ew. H.[4] ich[2] damit aufwarten kann.

4 Folgende Versetzungen sind weder in der Dicht-kunst noch in ungebundner Schreibart erlaubt.

(Der König) saß das Roß, das, einen solchen Held zu tragen stolz, nicht müde von dem langen Fluge war, daselbst ein wenig auszuruhen, ab. (ab müste nach Roß stehen.) Gleim. Er wird es selbst sehen, und[1] daß[6] man[7] ihm[8] wol[9] gerathen[10] habe[11], durch[2] den[3] Ausgang[4] erfahren[5]. Wenn ein zukünftiger Thräim Grimm aus dem Auge weint, das kaum sich aufgeschlossen, dann[1] sehen[2] Engel[3] weinend[8] an[9] der[4] Hölle[5] jungen[6] Bundsgenossen[7]. Karschinn. Eh[3] Treu[1] zu[2] schwören ward zur Kunst. Haller. Hätt'[1] in[12] Frieden[13] bis[8] an[9] deinen[10] Tod[11] zu[14] lassen[15] dich[7], der[2] Herr[3] der[4] Herscher[5] beschlossen[6]. Klopstock. Daß, wer zu menschlich ist[4], nicht[1] vernehme[2] das Ach herer,

[3]derer, die sterblich sind. Ebend. Je mehr gelehrt man [3]ist, [4]je [5]mehr [8]auch [6]soll [7]man [9]spüren, [10]daß [11]man [13]gelehrt [12]nicht [14]sei. Opitz.

Noch unerlaubter sind: [1]Bald [2]werd ich [4]sehen [3]ihn. [4]Wenn [1]er [2]sinket in [3]das Grab. [5]Ob [2]ich [3]darf zu [1]ihm [4]mich nahen. Wenn [2]er mich bald [1]besuchet [2]wieder. Ich alles [3]wol [1]versteh. [3]Vor dem gebeugt [1]die [2]Engel stehen müssen. [3]Laß dir gefallen unser [2]Lob. Damit dein Volk dich [2]möge [1]preisen. Die, [7]welche sind [6]gegangen [1]mit [2]Freuden [3]in [4]das [5]Leid. So wollen [2]dankende [3]Opfer [1]wir bringen. Ein Kindlein klein; (ein kleines Kindlein). Die Leier mein (meine Leier).

Folgende Versetzungen sind nur in der Dicht-kunst erlaubt: 5

[1]Der [3]Milch aus [6]dem [7]Felsen [8]und [4]Wein [5]sich [2]erschuf. Willamov. [4]Dein [1]Wissen ist Betrug, und Tand dein [2]höchstes [3]Gut. Hall. [7]Zur [8]Ordnung [3]ward, [1]was [2]ist, [4]eh [5]etwas [6]war, [9]erlesen. Uz. [6]Zu [7]Gift [5]wird [1]Nektar, [2]den [3]er [4]trinkt. Uz. Der [4]Zank [1]am Altar, [2]im Tempel der [1]Aufruhr. Raml. [4]Wer [5]heilig [6]zu [2]leben [3]sich [7]wagt, und [8]die [9]Wege [10]der [11]Tugend [12]zu [13]gehn. Cram. Pf. 24. O wie beglückt

beglückt ist der, auf dessen reine Schätze nicht Fluch noch Schande fällt, noch Vorwurf der Gesetze. Hag.

Einige kleine Anmerkungen, welche die Ordnung der Wörter betreffen, werden noch beiläufig vorkommen.

Vom Gebrauch des Artikels.

6 Der Gebrauch beider Artikel sowol, als ihre Auslassung, ist leicht. Der bestimmte Artikel wird z. E. in folgenden Sätzen gebraucht.

Das Brod ist zu hart. Der Himmel ist trübe. Der Mann, (den man erwartet hat,) ist da. Holet das Lack (womit ich zu siegeln pflege). Vergesset nicht, den Spiegel abzunehmen.

Der Artikel der Einheit findet z. E. in folgenden Sätzen statt:

Gebt ein Brod, einen Teller, ein Glas her. Er ist ein Deutscher. Er ist ein ehrlicher Mann. Er hat einen guten Kopf. Er hat eine Wunde im Gesichte. Er hat noch einen Vater.

7 Der Artikel wird ausgelassen:

1) Vor dem Nominativus der eigenen Namen lebendiger Dinge; z. E. Jehovah, David, Salomo, Homer, Virgil, Kleopatra, Elisabeth, und vor Gott in allen Kasibus Gott, Gottes, Gott (nicht Gotte), Gott; oder der Nominativus müßte schon den Artikel haben, in welchem Fall man des Gottes, dem Gotte, den Gott sagt.

Die eigenen Namen haben das Geschlechtswort der Einheit vor sich, a) wenn sie appellatiue gebraucht werden, z. E. ein Cicero (d. i. ein großer Redner). b) Wenn man mehr auf die Eigenschaften einer Person als auf ihren Namen sieht, z. E. ein Ueberkühn selbst

selbst (d, l. Lieberkühn, der doch mit den Geheimnissen
der Natur so bekannt war) gesteht, daß wir noch
im Anfange sind. Nur ein Alexander hatte
Muth genug dazu. Bis endlich ein Bodmer
und ein Breitinger sich des guten Geschmacks
annahmen. Wenn hier ein Ratilina seinem
Vaterlande den Untergang droht, und dort
ein Leonidas sich für dasselbe aufopfert.
Doch kann in allen diesen Fällen ein auch wegbleiben.
c) Wenn man sagen will, jemand habe ein Buch geschrieben, das einen eigenen Namen zum Titel hat, z. E.
Gottsched hat einen sterbenden Kato, und ein
Ungenannter einen parodirten Kato geschrieben. Sonst sagt man: Gottscheds sterbender
Kato. Der Oͤdipus des Sophokles ꝛc.

Der, die, das steht vor eigenen Namen a) wenn
man ein Buch mit dem Namen seines Verfassers nennt:
Der Faber, der Frisch, der Baile, der Büffon,
b) wenn man mit weniger Achtung von jemand spricht:
Der Klement, der Mandrin, der Ravaillak,
c) wenn man ein Beiwort davor setzt, z. E. der Leip-
zigsche Thomasius, der jüngere Cicero, der
andere Skaliger, der selige Gesner, der scharf-
sinnige Baile.

In den übrigen Kasibus nehmen die eigenen Namen
gemeiniglich den Artikel an, wenn sie hinten keine unter-
scheidende Endung empfangen, z. E. Elisabethens Regierung, oder die Regierung der Elisabeth.
Horazens Gedichte oder die Gedichte des Horaz.
Er gleicht dem Salomo. Er kömmt Voltären
gleich. Cicero hat Reden gegen den Ratilina
geschrieben. Wer hat nicht gegen Grotium
(oder gegen den Grotius) geschrieben? Doch
findet man auch einige Ausnahmen, z. E. Philippus
rechtem Aug ist dieser Schuß bestimmt. Hag.
Wer Christus Geist nicht hat, der ist nicht sein.
Röm. 8, 9.

2) Wenn

2) Wenn man nicht bestimmt von einzelnen Dingen, sondern nur überhaupt davon redet, z. E. Brod essen, Wein trinken, Messing wird aus Kupfer und Galmei gemacht. Mit Blut bedeckt. Mit Büchern handeln.

3) Wenn der Singular den Artikel der Einheit gehabt hat, so hat der Plural gar keinen. Sie haben einen Sohn. Sie haben Söhne.

4) Vor einigen Beiwörtern, z. E. Aller Welt steckt. Viele Menschen wissen das nicht.

5) Vor gewissen Titeln, wenn die Person, die man nennt sehr bekannt ist. Kaiser Karl der fünfte. Churfürst Friedrich Wilhelm. Doktor Luther. Pastor Humble oder Kratzfuß (im Thomas Jones). Rektor Frisch. Pater Abraham. Doch können sie auch alle den bestimmten Artikel leiden.

6) Nach einigen Präpositionen z. E. Aus Gewohnheit. Auf Vorbitte meines Bruders. Gegen Abend. Habe Gott vor Augen.

7) In einigen sprichwörtlichen Redensarten. Eigner Herd ist Geldes werth. Hunger ist der beste Koch.

Die Dichter lassen zuweilen den Artikel aus, wo man es in Prose so leicht nicht wagen dürfte. Z. E. Man hat den Feind aufs Haupt geschlagen, doch Fuß hats (für hat das) Haupt hinweggetragen Logau. Alten Freund für neuen wandeln (eintauschen). Ebend. Der Morgen brachte großen Tag. Gleim.

8 In einigen Fällen ist der Unterschied zwischen den beiden Artikeln, und zwischen dem gesetzten oder ausgelassenen Artikel nur sehr klein; z. E.

Der

3. Der Mensch ist sterblich. Ein Mensch ist sterblich. Der Deutsche liebt die Aufrichtigkeit. Ein Deutscher liebt die Aufrichtigkeit. Himmel und Erde. Der Himmel und die Erde. Gold fürchtet das Feuer nicht. Das Gold fürchtet das Feuer nicht.

Der bestimmte Artikel ist unrichtig. 1) vor dem Worte Herr, wenn ein Name unmittelbar darauf folgt; z. E. von (dem) Hn. Weiße. 2) nach dem Worte all; z. E. alle (die) Sterne, welche wir sehen. **9**

Der Artikel der Einheit wird oft ohne Noth gebraucht; z. E. Davon schreibet ein heiliger Paulus. Ein hochweiser Rath. Ein hochpreisliches Geheimerathskollegium. **10**

Wenn Wörter von verschiedenem Geschlechte sind, so können sie nicht mit einem einfachen Artikel zufrieden seyn. Z. E. Wenn dich die Noth und Elend drücken. Vom Golde, Feuer, Sonne hergenommene Gleichnisse. Das letztre müste heißen: Gleichnisse die vom Golde, vom Feuer, und von der Sonne hergenommen sind, und im ersten müste das vor Elend eingerückt werden. **11**

Es ist eine falsche Regel, daß man vor Wörtern von gleichem Geschlechte den Artikel nicht wiederholen dürfe; ja zuweilen würde es gar ein Fehler seyn, wenn man ihn nicht wiederholen wollte. **12**

Es giebt Fälle, wo man zweifelhaft ist, ob man der, die, das für den Artikel oder für das Pronomen halten soll. Besonders ist dieses zu merken, wenn anstatt des Nennworts eine Präposition mit ihrem Kasus oder mit einem Adverbio **13**

bio

bis darauf folgt, indem alsdenn der Genitivus und Dativus im Plural beständig derer und denen heißen muß; z. E. Im Kleinen bedienet man sich der Zirkel von Messing, und im Großen derer von Holz. Ich will es denen von der andern Stube sagen.

Von den Nennwörtern.

14 Der Nominativus kann nicht bei einem Paßivo stehen, dessen Aktivum einen Dativus hat. z. E. ich begegne dir übel kann im Paßivo nicht heißen du wirst von mir übel begegnet.

15 Einige Neutra, (wozu auch sein, werden 2c. gehören) haben zwei Nominativos, z. E. Er heißt der Große. Er ist Baron geworden.

16 Der Genitivus steht auf die Frage wessen? und kömmt besonders vor.

1) Bei Beschreibungen, z. E. Ein Knabe guter Art. Er ist seines Handwerks ein Schneider. Doch ist von bei Beschreibungen beinahe gebräuchlicher. 2) nach sein in folgenden:

Er ist meiner Meinung. Ich bin Willens. Es ist meines Amts nicht, er ist gutes Muths u. d. g. m. Doch sagt man nicht gern mehr: ich bin Vorhabens, ich bin des Entschlusses 2c.

3) Nach Wörtern, die ein Maaß oder eine Menge andeuten z. E. viel Wesens, viel Aufsehens, machen. Doch kömmt es jetzt sehr ab, und man sagt nicht mehr ein Maß Weins, voll Bluts, sondern ein Maß Wein, voll Blut 2c.

4) nach verschiedenen Adjectivis und Adverbiis, z. E. eingedenk, bewust, los, überhoben, kundig,

dig, mächtig, statt, schuldig (aber nicht unschuldig), werth ꝛc. 5) nach Zeitwörtern z. E. berauben, beschuldigen, würdigen ꝛc. besonders nach vielen Reciprocis z. E. sich enthalten, rühmen, bedienen, verlohnen ꝛc.

Einige haben bei den Neuern lieber den Akkusativus, als den Genitivus. Z. E. schonen, vergessen, pflegen. 17

Viele besondre Redensarten mit dem Genitivus veralten nach und nach z. E. der Hofnung leben, alles Ernstes gebieten. Ich bin davon des nähern unterrichtet. 18

Einige Zeitwörter haben jetzt lieber eine Präposition (mit ihrem Kasus) nach sich, als den Genitivus. Z. E. spotten, freuen, sich erbarmen; doch kann die Poesie die alten Wortfügungen noch gebrauchen. 19

Die Abtheilungswörter (Partitiva) pflegen den Genitivus des Plurals, oder von Wörtern, die im Singular eine Vielheit bedeuten, auch den Genitivus des Singulars, nicht so oft zu sich nehmen, als von, unter ꝛc. besonders wenn der Artikel fehlt. Man sagt z. E. ein Schwarm von Bösewichtern. Einige unter uns. Aber auch oft eine Menge Leute, einige Soldaten (d. i. von dem Soldaten). Der Genitivus mit von ist auch sonst gebräuchlich. Z. E. Ist der Regent nicht das Haupt von dem Körper seines Staats. Jerusalem. 20

Der Genitivus kann oft dem Nominativus, so daß dieser seinen Artikel verliert, vorgesetzt wer- 21

K

werden. Es muß aber in Poesie nicht zu häufig geschehen.

22 Der Dativus und Accusativus werden von einigen im Reden zu wenig unterschieden, besonders mir und mich, sie und ihnen, sie und ihr, dem und den. Wenn man aber zweifelhaft ist, ob ein Wort im Dativus oder Accusativus stehen müße, so darf man nur ein anders, besonders ein weibliches an seine Stelle setzen, so wird man gemeiniglich aus der Ungewißheit kommen. Z. E. mit mich ist falsch, weil man nicht sagen kann mit den Mann, mit die Frau; wer aber so sagt, oder auch darüber noch zweifelhaft ist, der muß so lange gute Bücher lesen, bis er zu mehrerer Gewißheit gelangt.

23 Die Nennwörter, Zeitwörter und Vorwörter nach welchen der Dativus und Accusativus auf die Frage wem, und wen oder was stehen muß, sind größtentheils bei einem gebornen Deutschen keinem Zweifel in Ansehung dessen, was sie regieren, unterworfen; daher hier nur diejenigen Fälle angeführt werden sollen, wo noch einige Zweifel statt finden.

24 Nicht den Accusativus, sondern den Dativus müssen nach sich haben 1) die Zeitwörter schmeicheln, trotzen und angehören. Mir däucht ist besser als mich däucht. 2) Die Präpositionen nach und zu. Bei hat niemals den Accusativus, außer wenn es so viel als neben ist, und auf die Frage wohin? steht.

Nicht den Dativus sondern den Accusativus müssen haben, 1) die Zeitwörter rufen und ange-

angehen.   Ich versichere Sie ist auch
besser, als ich versichere Ihnen.   In den Reciprocis sich erinnern, sich unterstehen ist
sich auch der Accusativus.   Es kostet mich
so viel, mich dünket ist gebräuchlicher, als
mir.   2) Die Proposition gegen.

Den Dichtern ist der Accusativus in folgenden **25.**
nach dem Französischen gebildeten Redensarten
erlaubt.   Gern will ich große Thaten thun, die
Leier in der Hand (für mit der Leier).   Gleim.
Jetzt folgen wir dem Menschenfreund, den Blick ge-
kehrt nach Wien.   Ebend   Fremde Bäum' ihr jun-
ges Haupt umschoren, bringt dir Silvan.   Raml.

Lehren und heißen haben den Accusativus **26.**
sowol der Person als der Sache: Doch ist der
Accusatius der Sache bei heißen immer ein
Pronomen.   Z. E. wer hieß es dich.
Erinnern darf dies nicht nachmachen.   Doch sagt
man noch: Eins bitte ich dich.   Er fragt mich
hunderterlei Sachen.

Wenn ein Wort das andere erkläret, so steht **27.**
es in ebendemselben Kasus entweder vor oder
nach; z. E. den Gott der Götter, den Zeus.   Me-
nalk, ein junger Hirt.

Zu einem männlichen Worte setzt man ein männli-
ches, zu einem weiblichen ein weibliches, wenn es sich
thun läßt.   Z. E. die Sonne, die Wohlthäterinn
der Früchte (nicht der Wohlthäter).

Die Wörter Fuß, Mann, Pfund, Schuh, **28.**
Zoll imgleichen Jahr stehen, wenn ein Gewicht,
Maaß oder etwas ähnliches dadurch angezeigt
wird, in der Form des Singulars, ob sie gleich
den Plural bedeuten.   Z. E. tausend Mann, (wel-

K 2   ches

ches etwas anders ist als tausend Männer).
Vier Zoll. Vierzehn Jahr und sieben Wochen.

29   Die Beiwörter viel, mehr, wenig und ganz
werden oft als Indeklinabilia gebraucht.

Z. E. in wenig Wochen.   So viel Köpfe, so viel Sinne. Da wieder ihn mehr Feinde sich gesellten. Naml.
In ganz Italien.

So sagt man **unter funfzig Thaler** (für Tha-
lern) ꝛc.

Von den Fürwörtern.

30   Die persönlichen Fürwörter nehmen durch
alle Kasus oft das Wort selbst an.   Im Genitivus pflegt man wol mein, dein, sein noch
daben zu gebrauchen, (für meiner ꝛc.)

Z. E. Ich höre es von ihm selbst.   Thut es um euer
selbst willen.

Zuweilen ist es zweifelhaft, was für einen Kasus
selbst vorstellen soll. Z. E. er hat sich selbst getöd-
tet, wo ein verschiedener Verstand herauskömmt, nachdem man selbst im Nominativus oder Akusativus nimmt.
Von selbst (für von mir selbst ꝛc.) verwerfen viele.

31   Das ich darf vor einem Zeitworte nicht anders
weggelassen werden, als wenn es schon vorhergegangen ist.   Z. E. Ich will kommen und ihn
sehen ist richtig; davon will künftig melden
ist falsch.

32   Die eigenthümlichen Fürwörter dürfen nicht
nach gehören und nach einem Genitivus gesetzt werden, z. E. das gehört meine; das ist meines
Bruders seine Schuld.

33   Wenn man eine Sache zeigt, so gebraucht
man nur das Neutrum der anzeigenden Fürwörter, dies ist der Mann; außer wenn ein
Sub-

Substantivum ausgelassen ist, z. E. dieser (Mann) ist es, oder wenn man einen unter mehrern meint; dieser ist der Dieb (nicht jener oder einer von den übrigen).

Unter den beziehenden Fürwörtern muß man 34 das und was nicht verwechseln. Das letztere steht nur nach nichts, alles und nach andern Fürwörtern, aber nicht nach Nennwörtern. Z. E. halte (nemlich das), was du hast. Das Brod, das wir brechen (nicht was).

Welcher fragt bestimmter als wer. Wer ist 35 da? Unser Bruder. Welcher (von unsern Brüdern)?

Von den Zeitwörtern.

Beim Syntax der Zeitwörter kömmt es vor- 36 nehmlich auf den Gebrauch des Konjunktivus an. Der ordentliche Konjunktivus wird hauptsächlich gebraucht, wenn die Sache ungewiß ist. Z. E. er hat mir gesagt, daß er geplündert sei sagt etwas anders, als er hat mir gesagt, daß er geplündert ist.

Der Konjunktivus wir sein, ihr seid, sie sein wird von guten Schriftstellern selten gebraucht, und gemeiniglich mit wären verwechselt.

Der Konjunktivus mit Hülfswörtern kann zu- 37 weilen mit dem ordentlichen Konjunktivus verwechselt werden, oft aber auch nicht.

Z E. für ich würde gern kommen kann man sagen: ich käme gern; aber in ich bat ihn, daß er kommen sollte, geht die Verwechselung nicht an.

Wenn ein Zeitwort von dem andern regiert 38 wird, so steht es im Infinitivus und hat zu vor sich (z. E. ich verspreche zu kommen),

man

man kann aber auch oft eine Konjunktion dafür setzen. Z. E. er versprach daß er kommen wollte.

Die oben (Etymol. N. 75.) genannten Wörter nehmen den Infinitivus ohne zu nach sich.

Von den Mittelwörtern.

39 Die Mittelwörter verhalten sich wie die Beiwörter. Z. E. wie man sagt ich fand ihn krank, so sagt man auch ich fand ihn schlafend. So wie jetzt nur in der Poesie erlaubt ist, das Adjektivum dem Substantivo nachzusehen, so geht es auch mit dem Participio nur in der Poesie an; z. E. der Held, stolz auf sein Glück. Der Held, durch Siege kühn gemacht.

Von den unbeugsamen Redetheilen.

40 Einige Nebenwörter werden oft unbequem anstatt der beziehenden Fürwörter gesetzt; z. E. der Mann, wo ich wohne besser bei dem. Auch muß man nicht da, daran, davon ꝛc. für wo, woran ꝛc. gebrauchen.

41 Die Präpositionen stehen nach Nennwörtern, Zeitwörtern und Nebenwörtern. Z. E. stolz auf sein Geld. Eine Schale von Gold. Auf Auswege sinnen. Nahe an der Brükke. Auch kommen wol zwei Präpositionen zusammen; alsdenn aber muß die eine hinten stehen, z. E. von Anfang an. Sie werden oft unrichtig mit einander verwechselt z. E. durch Antrieb anstatt auf Antrieb. Beson-

ders

ders müssen für und vor wol unterschieden werden.

Das sogenannte so apodoseos (s. Etym. 42 M. 92.) steht nach wenn, da, weil, obgleich u. d. g. m. wenn sie auch ausgelassen sind. Es wird aber zuweilen auch ausgelassen, aber nur, wenn jene nicht fehlen. Z. E. will er, so will ich auch; wenn er nicht will, (so) will ich auch nicht.

Von den Interjektionen ist nichts wichtiges zu bemerken.

Fünfter Theil.
Die Prosodie oder Tonmessung.

Die Länge und Kürze der Sylben läßt sich 1 nicht leichter bestimmen, als in zweisylbigen Wörtern, denn in denselben ist entweder die erste Sylbe lang und die andere kurz, oder die erste kurz und die andere lang.

Anm. 1. Man zeigt die Länge der Sylben durch (–) und die Kürze durch (v) an. Z. E. offen. jedoch.

Anm. 2. Zwey oder mehr Sylben, die man mit einander verbindet, heißen ein Fuß. Im Deutschen giebt es vornehmlich zweisylbige und dreisylbige Füße.

Die

Die eigentlichen zweisylbigen sind:

a. Der Jambus, wo eine kurze Sylbe vorangehet,
und die lange folget, z. E. Bericht; zu viel.

b. Der Trochäus, wo die lange Sylbe vorangeht,
z. E. Nachricht, viele.

Die eigentlichen dreisylbigen sind:

a. Der Daktylus, wo zwei kurze Sylben auf eine
lange folgen, z. E. Könige.

b. Der Amphibrachys, wo vorne und hinten eine kurze, in der Mitte aber eine lange Sylbe steht, z. E.
zufrieden, besingen.

c. Der Anapäst, wo auf zwei kurze Sylben eine
lange folgt, z. E. unverhoft.

Von den übrigen zwei- und dreisylbigen Füßen sind bloß die Namen zu merken. Zwei kurze Sylben heißen ein Pyrrhichius, zwei lange ein Spondeus, drei kurze ein Tribrachys, drei lange ein Molossus, eine kurze und zwei lange ein Bacchius, zwei lange und eine kurze ein' Antibacchius, zwei lange mit einem kurzen in der Mitte ein Amphimacer.

Von den viersylbigen ist nur der einzige Choriambus zu merken, der aus einem Trochäus und Jambus zusammengesetzt ist, z. E. Ehre den Herrn.

Anm. 3. Die Deutschen Verse sind entweder jambisch, z. E.

Wie groß|ist des|Allmäch-|gen Gü-|te

oder trochäisch, z. E.

Herr und|Vater|aller|Wesen

oder daktylisch, z. E.

Lobe den|Herren den|mächtigen|König der|Ehren

oder

oder amphibrachisch, z. E.

$$\breve{} - \breve{} \mid \breve{} - \breve{} \mid \breve{} - \breve{} \mid \breve{} - \breve{}$$

Frolocke bu Erde und jauchzet ihr Hügel

oder choriambisch. *)

$$- \breve{} \breve{} - \mid - \breve{} \breve{} - \mid - \breve{} \breve{} - \mid \breve{} -$$

Daß der Römer mich liebt wenn er mich liebt ist dein

Von den amphibrachischen Versen kann man die dak-
tylischen mit einer Vorstecksylbe noch unterscheiden: z. E.

Der | Nachtigall | reizende | Lieder
Er- | tönen, und | locken schon | wieder
die | frölichsten | Stunden ins | Jahr. Hag.

Anapästische Verse, die man auch daktylische mit zwei
kurzen Vorstecksylben nennen könnte, sind höchst selten.

Anm. 4. Jede Art der Verse kann man wieder in ein- zwei- drei- vier- fünf- und sechsfüßige
eintheilen. Siebenfüßige und achtfüßige kommen
nur im trochäischen Sylbenmaße vor.

Ein einsylbiges Wort ist eigentlich lang, (denn
wenn es am Ende wächst, wird ein Trochäus
daraus, z. E. von werth kömmt werther); allein es wird kurz, wenn es vor einer andern unstreitig langen Sylbe zu stehen kömmt.

Daher findet man die meisten einsylbigen Wörter sowol lang als kurz, z. E. Das Meer ver-
kündigts den Gebirgen. Hag. So sag' ers ja
den Klugen nicht. Gell. Ordne du an diesem
Tage. Du Meer der Wunder und der Won-
ne. Hag.

Es kömmt also bei einsylbigen Wörtern vornehmlich
auf die Schwierigkeit an, ob man nicht einen Fehler be-
gehe, indem man sie entweder lang oder kurz braucht.
Man merke daher:

K 5 1. Ein

*) Der erste Choriambus eines Verses hat immer ei-
nen Trochäus vor sich.

1. Ein einſylbiges Wort kann lang genommen werden, wenn eine unſtreitig kurze Sylbe darauf folgt, z. E. der von Gott geſchenkte Friede.

2. Die einſylbigen Artikel, wenn ſie vor einem Nennworte ſtehen, das entweder einſylbig iſt, oder doch die erſte Sylbe lang hat, ſind kurz. Man darf z. E. nicht ſagen: So ſtehet ein Berg Gottes. Die Präpoſitionen vor ihrem Kaſu und die perſönlichen Fürwörter vor ihrem Zeitworte oder Nennworte, deſſen erſte Sylbe lang iſt, verhalten ſich gemeiniglich eben ſo, auſſer wenn einiger Nachdruck darauf liegt.

3. Ein einſylbiges Wort am Ende eines Fußes kann lang gebraucht werden, wenn es mit dem folgenden Worte, nicht in ſo genauer Verbindung ſteht, daß man dazwiſchen nicht einhalten darf, z. E. Und, o|Wunder! der du glorreich dein Loos erfüllſt. Hier iſt du richtig lang, weil man ein wenig darnach einhalten kann. Hingegen iſt oft in folgender Zeile unrichtig lang gebraucht: Ich Kal|liopens oft|heimlich entflohener, weil es nicht von heimlich zum vorigen gezogen werden kann, und vor der unſtreitig langen Sylbe heim nothwendig kurz werden muß.

3 Wenn ein zweiſylbiges Wort, welches ein Trochäus und unzuſammengeſetzt iſt, am Ende mit einer Sylbe vermehrt wird, ſo wird es ein Daktylus. Z. E. von ewig kömt ewiger. Iſt ein Wort aber vor der Vermehrung ein Jambus, ſo wird es ein Amphibrachys, z. E. von Verſtand kömt verſtändig.

In

Zu den Vermehrungen gehören auch die angehängten Sylben bar, ei, haft, heit, inn, keit, niß, sal, sam, schaft, thum, welche am Ende kurz sind, z. E. wunderbar, tugendhaft; doch ist ei beinahe öfter lang als kurz, z. E Heuchelei. Wenn aber nach diesen Sylben eine neue Vermehrung erfolgt, so sind sie mehr lang als kurz und folglich unbestimmt (s. N. 4.) z. E. ehrbare, wunderbare.

Wenn eine Sylbe weder recht lang noch recht kurz ist, so kann man sie unbestimmt nennen, dergleichen ist die zweite vom Ende in Gesundheiten und die dritte vom Ende in vollständige. 4.

Wenn man diese ganze Sache richtig einsehen will, so muß man vornehmlich folgendes merken.

1. Wenn ein Wort dem andern in der Zusammensetzung vorgesetzt wird, so bekömmt es entweder den Ton oder nicht. Bekömmt es den Ton nicht, so bleibt die Länge und Kürze der Sylben des hinten stehenden Worts unverändert. Das pflegt insbesondere bei Vorsetzung der unzertrennlichen Vorwörter zu geschehen. Z. E. entfliehen, zerreißen. Bekömmt es aber den Ton, so werden die langen Sylben des mehr als einsylbigen hintern Wortes unbestimmt. Z. E. ausziehen, wiederkommen, Unverstand, erzbischöfliche, Mißgeburt.

2. Unbestimmte Sylben sollten eigentlich niemals als kurz oder als lang angesehen werden. Weil aber die Dichter alsdenn viele Wörter gar nicht würden brauchen können, so haben sie sich der Freiheit bedient, bald dem vorgesetzten Worte den Ton wieder zu nehmen und die lange Sylbe kurz zu machen, bald der langen Sylbe des hinten stehenden Wortes ihre Länge zu lassen, ohne das vorgesetzte Wort zu kränken. Daher findet man sehr häufig Mißgeburt und Mißgeburt, Unverstand und Unverstand, wiederkommen, wunderba-

derbare, Schönheiten, ungemein und ungemein, unschuldig und unschuldiger, Ehrbarkeit, Grausame, Grausamkeiten, wiederzu-
kommen, auszustreuen, Göttinnen, Königinnen u. d. g. m., die man nun, da sie einmal eingeführt sind, dulden muß, besonders da man sogar im gemeinen Leben verschiedene von dergleichen Wörtern mit
ganz reinen langen und kurzen Sylben ausspricht, z. E.
unverdrossen. Demohnerachtet bleibt der Gebrauch
einiger unbestimmten Sylben immer unangenehm und
wird in Dichtern, die sich nicht über alles Sylbenmaß
weggesetzt haben, so leicht nicht angetroffen. Z. E.
liebkosen, Selbstmorde, wiederkommen, auf-
fahren, unglücklich.

5   Ein reiner Daktylus kann ohne Schwierigkeit
einen Amphimacer abgeben (d. i. man kann die letzte Sylbe lang gebrauchen), z. E. würdige; doch
bedienet man sich dieser Freiheit nicht gerne am
Ende einer Zeile oder eines Abschnitts (s. N. 10.),
wenn die letzte Sylbe einen kurzen Vokal hat (s.
Orthoep. N. 14). Z. E. würdigen, Wanderer,
oder es müßte ein flüßiger und ein stummer Konsonant darauf folgen z. E. predigend, Gegenwart.

Ist die zweite Sylbe eines Daktylus unrein und aus
einer langen entstanden, so ist es sehr hart, wenn man
die

$$\breve{} \; - \; \breve{} \; - \; - \; \breve{} \; -$$

die letzte lang gebrauchet, z. E. unsichtbare, kostbaren,

$$- \; \breve{} \; - \; - \; \breve{} \; \breve{}$$

Schönheiten, Einsiedler.

Von den Reimen.

Wenn in zwei Wörtern auf einen völlig oder beinahe gleichlautenden Vokal oder Diphthongen einer langen Sylbe gleiches folgt und ungleiches vorhergeht, so machen sie einen Reim. Z. E. ein und Wein reimen sich, indem in beiden 1) ein ei ist, 2) ein n folgt, 3) in dem einem nichts in dem andern ein w vorhergeht.

Ob etwas gleich sei, muß die Orthoepie entscheiden, z. E. fehlen und zählen haben einen völlig gleichlautenden Reimvokal. Sand und verwandt reimen sich, indem das d in dem einen eben so wie das dt in dem andern lautet. Fetter und Vetter reimen sich nicht, weil f wie v lautet. Sogenannte reiche Reime (rimes riches), d. i. wo auf den Vokal gleiches folgt und gleiches vorhergeht, kommen selten vor: z. E.

Und brüstete sich mehr in seiner Staatskarosse,
Als die daran gespannten Rosse. Gell.

Ob die Wörter, welche einen reichen Reim machen, eine gleiche oder ungleiche Bedeutung oder sonst etwas verschiedenes haben, thut wenig zur Sache. Er kömmt in guten Dichtern sehr selten vor.

Eine falsche Aussprache macht auch oft falsche Reime, z. E. siech; Krieg. Leiden; Zeiten. Doch erlaubt die Aussprache, daß man ig mit lich reime.

Eine kurze Sylbe kann mit einer langen reimen und zwei Wörter können eine Reimendung machen; z. E. predigen; kriegen. Reuter; scheut er. Sagt er; klagt er.

Folgende Vokale können miteinander reimen, obgleich die Aussprache verschieden ist: ä mit

L   e und

Vokal anfängt, so verursacht das einen gewissen übelklang, den man den Hiatus nennt. Es giebt Hiatus, die man noch wohl dulden kann z. E. die er; allein den Hiatus, der beim he einen Diphthongen macht, vermeidet man gern.

13 Wenn ein e am Ende steht, so bedient man sich der Freiheit es weg zu werfen, und oft zeigt man dies durch einen Apostroph an (s. Orthogr. N. 57.). Auch läst man in der Mitte eines Worts wol ein i weg, und setzt den Apostroph dafür. Am Ende einer Zeile oder vor einem Konsonanten ist der Apostroph und das Wegwerfen nicht gut. Z. E. In steter Dämmerung erzogen wär'. Brockes. Nach weichen Konsonanten ist der Apostroph, wenn es etwas weggeworfen ist, am wenigsten zu entbehren, weil die Aussprache davon abhängt.

Druckfehler.

S. 5. Z. 20. lies Triphthongen. S. 30. Z. 16. g für ge. S. 33. Z. 1. Ambra. S. 34. Z. 19. beredter. S. 40. Z. 23. Haren. S. 45. Z. 30. status. S. 46. Z. 7. Lake. Z. 8. Same. S. 47. Z. 22. ehern. S. 63. Z. 21. Pike. S. 66. Z. 24. ist wahr auszustreichen. S. 78. Z. 32. lies neutrion. S. 91. Z. 2. von unten Betrübniß, Erlaubtniß. S. 96 Z. 1. von unten Schöne. S. 113. Z. 1. von unten Ramler.